教育部人文社会科学研究规划基金项目，项目编号：17YJA630131
吉林财经大学资助出版图书

互联网金融信用风险预警研究

张红霞 著

吉林大学出版社
·长春·

图书在版编目（CIP）数据

互联网金融信用风险预警研究 / 张红霞著. —长春：吉林大学出版社，2019.8
ISBN 978-7-5692-5285-9

Ⅰ.①互… Ⅱ.①张… Ⅲ.①互联网络—应用—金融—贷款风险—研究—中国 Ⅳ.①F832.29

中国版本图书馆CIP数据核字(2019)第173369号

书　　　名	互联网金融信用风险预警研究
	HULIANWANG JINRONG XINYONG FENGXIAN YUJING YANJIU
作　　者	张红霞　著
策划编辑	黄国彬
责任编辑	刘守秀
责任校对	卢　婵
装帧设计	刘　丹
出版发行	吉林大学出版社
社　　址	长春市人民大街4059号
邮政编码	130021
发行电话	0431-89580028/29/21
网　　址	http://www.jlup.com.cn
电子邮箱	jdcbs@jlu.edu.cn
印　　刷	三河市华晨印务有限公司
开　　本	787×1092　1/16
印　　张	10
字　　数	150千字
版　　次	2019年11月　第1版
印　　次	2019年11月　第1次
书　　号	ISBN 978-7-5692-5285-9
定　　价	58.00元

版权所有　翻印必究

前　言

　　互联网金融是利用互联网技术实现资金融通、支付、投资和信息中介服务的新型金融业务模式。其主要业态包括网络借贷、移动支付、互联网银行、股权众筹融资、互联网保险、互联网票据等。互联网金融的发展为"大众创业、万众创新"打开了新世界的大门，在满足小微企业、中低收入阶层投融资需求，提升金融服务质量和效率，引导民间金融走向规范化，以及扩大金融业对内开放等方面发挥着独特的作用。

　　随着"互联网＋"行动计划的提出，互联网金融得到了井喷式的发展，行业规模呈几何数量级的增长。但是这一发展进程中，也出现了很多互联网与金融融合后所形成的风险问题。仅以P2P网络借贷为例，据网贷天眼统计，截止2019年3月末，正常运营的平台只有1 250家，整个3月份无新增网贷平台。随着问题平台的大量出现，不能兑付投资者本息的情况时有发生，投资者损失巨大。由此可见，互联网与金融融合后产生的信用风险既阻碍了互联网金融持续、稳定的发展，又不利于中共十八届三中全会提出的实施"普惠金融"政策的贯彻执行，甚至会由于投资者的不满情绪引发一系列的社会问题。要想进一步拓展互联网金融普惠的广度和深度，就必须加强其信用风险的管理。而风险预警是信用风险管理的基础，有利于提高互联网金融风险的管理水平。

　　由于互联网本身具有开放性的特征，使其信用风险具有高瞬时性、强虚拟性、快联动性及超复杂性等特点，这就给传统金融的信用风险管理带来强烈的冲击。互联网金融信用风险管理要突破传统金融信用风险管理的思路，需要根据互联网提供的大数据，实现实时、多主体，多角度的信用风险管理。

《互联网金融信用风险预警研究》一书通过建立互联网金融信用风险预警模型，以P2P网贷平台为例，对互联网金融信用风险预警进行研究。本专著研究的信用风险预警模型，通过选取合适的风险预警指标，建立互联网金融信用风险预警系统，可以及时发现互联网金融体系的风险点，避免金融危机的发生，为实现优质、高效的互联网金融风险管理奠定基础，是互联网金融健康、持续发展的保障。

目　录

绪　论 ……………………………………………………………………… 1
　第一节　研究背景与意义 …………………………………………… 2
　第二节　国内外互联网金融信用风险预警研究现状 ……………… 9
　第三节　国内外互联网金融信用风险预警发展现状 ……………… 19

第一章　互联网金融概述 ……………………………………………… 23
　第一节　互联网金融的概念及特征 ………………………………… 23
　第二节　互联网金融的模式分析 …………………………………… 31
　第三节　互联网金融与传统金融的关系分析 ……………………… 41
　第四节　我国互联网金融发展模式及现状 ………………………… 46

第二章　互联网金融信用风险概述 …………………………………… 49
　第一节　互联网金融的风险种类分析 ……………………………… 50
　第二节　互联网金融信用风险的影响因素 ………………………… 53
　第三节　互联网金融信用风险的来源 ……………………………… 55

第三章　互联网金融信用风险的形成分析 …………………………… 58
　第一节　互联网金融信用风险的表现 ……………………………… 58
　第二节　互联网金融信用风险的特点 ……………………………… 59
　第三节　互联网金融信用风险的形成条件 ………………………… 60
　第四节　互联网金融信用风险的形成原因 ………………………… 61
　第五节　互联网金融信用风险的形成过程 ………………………… 64

第四章　互联网金融信用风险预警模型的构建 …… 68
第一节　互联网金融信用风险预警概述 …… 68
第二节　互联网金融信用风险预警模型概述 …… 72
第三节　互联网金融信用风险预警指标体系构建 …… 74
第四节　互联网金融信用风险预警模型的应用 …… 83
第五节　互联网金融信用风险预警模型选择 …… 91

第五章　互联网金融信用风险预警实例分析——以 P2P 网贷为例 …… 93
第一节　P2P 网贷概述 …… 94
第二节　P2P 网贷模式分析 …… 107
第三节　P2P 网贷对现有金融业务的影响 …… 114
第四节　P2P 网贷平台的风险 …… 119
第五节　P2P 网贷信用风险预警模型构建与分析 …… 125
第六节　加强 P2P 网贷平台信用风险控制的措施 …… 132

参考文献 …… 147

绪　论

近年来，互联网金融的快速发展在给人们带来便利的同时，也潜移默化地改变着人们的生活方式，并对传统金融行业和金融理论提出了前所未有的挑战。随着网络技术、信息技术、大数据技术的进步，金融与互联网必将高度融合。互联网金融的趋势不可逆转，互联网金融就是未来的金融，已经引起政府、业界和学界的广泛关注。

互联网金融是利用互联网技术实现资金融通、支付、投资和信息中介服务的新型金融业务模式，其主要业态包括网络借贷、移动支付、互联网银行、股权众筹融资、互联网保险、互联网票据等。

互联网金融的发展为"大众创业、万众创新"打开了新世界的大门，在满足小微企业、中低收入阶层投融资需求，提升金融服务质量和效率，引导民间金融走向规范化，以及扩大金融业对内开放等方面发挥着独特的作用。

2013年以来，互联网金融在中国出现了快速发展的态势，P2P网络借贷、股权众筹、互联网保险等细分行业的各类企业如雨后春笋般不断涌现，互联网金融行业也备受市场追捧。截至2016年6月底，我国已经有超过4 000家P2P网贷平台，数量位居世界第一。互联网金融近几年在我国的迅猛发展，让很多人发出了"互联网金融会取代传统金融机构"的惊呼。但是，互联网金融本质上仍属于金融，并没有改变金融经营的本质属性，也没有改变金融风险的隐蔽性、传染性、广泛性和突发性。

在互联网金融异军突起的同时，由于从业人员良莠不齐、投资者和金融消费者缺乏相应的金融知识、监管乏力等原因，不良事件时有发生，暴露出了重大风险隐患。主要风险包括非法集资和金融传销，金融诈骗，经营者卷款跑路，行业发展门槛过低，缺乏规则和监管，行业相关公司风控水平严重不足，从业机构的信息安全水平不高，信用体系和金融消费者保护机制不健全等。

互联网金融行业在发展过程中，出现了很多披着"金融创新"外衣进行金融诈骗或者非法集资等非法活动的"伪互联网金融公司"。"泛亚金属""e租宝""上海申彤'大大'宝"等非法集资案件的集中爆发，对行业的整体生态环境造成了严重的破坏。仅2016年一季度，涉及非法集资的立案数就高达2 300余起，涉案金额超亿元的大案明显增多，引发了社会对互联网金融行业的恐慌和担忧。

在社会舆论对互联网金融出现了一定程度的转向时，我们有必要澄清两个基本问题：

从本质上说，无论"互联网＋非法集资"还是"互联网＋诈骗"，都是非法吸收公众存款的变异，而不是互联网金融，只有"互联网＋真正的金融服务"才是互联网金融。因此，不能因为发生了一些风险案件就简单地否认互联网金融。随着中央和地方政府对伪互联网金融进行打击和专项整治，互联网金融行业将会迎来健康发展的环境。

随着互联网金融市场的进一步深入发展，行业内部的竞争加剧以及行业监管日趋严格，互联网金融企业面临的风险逐步暴露，并呈现出复杂多变的特征。监管部门对部分互联网金融业务如互联网保险已经有了监管规范，但对P2P网络借贷等业务的监管尚未成型，因此这类企业面临着外部环境的巨大不确定性。此外，互联网金融公司内部的组织形态、管理方式、风控体系等也尚未形成公认的标准，这将加大其经营风险。

第一节　研究背景与意义

信用风险是金融市场中最古老也是最重要的风险之一，它随着借贷的发生而发生，直到这笔贷款的本金和利息完全归还或者发生违约冲销损失准备而结束。随着金融市场的迅猛发展，金融机构有必要对信用风险进行更加灵活、积极和主动的管理，通过各种金融技术将信用风险层层剥离，选择更完善的风险管理方法，将风险降低或转移。

一、研究背景

在当今互联网金融模式逐渐普及的背景下，关于互联网金融平台中的信用风险也逐渐显露出来。互联网金融平台作为区别于传统金融市场的一种新兴金融方式，伴随着我国市场经济体制的不断扩张和成熟，在互联网金融体系中的参与主体数量和种类也在不断增加和扩展，表现出强劲的竞争力和生命力。同时在这样缤纷复杂的互联网金融世界里，由于各个主体之间存在着信用等级方面的差异，伴随业务数量的提升，衍生的信用事件也在随之增加，这就会大大增加互联网金融平台内部的信用风险，甚至会演变成金融信用危机。

（一）互联网金融企业经营的信贷行为不存在实物抵押和担保

由于建立在互联网平台上的金融交易方式为虚拟货币交易形式，在抵押物方面不具备以实物进行抵押的条件和平台，因此会在金融业务的交易后期出现担保物价值不足以达到贷款标准的情况，从而为互联网金融企业带来很大的违约风险。

（二）互联网金融企业的征信体系不完善

针对征信体系来说，在互联网金融模式下的信贷业务主要是面对个人小额贷款客户，由于信贷对象数量多且繁杂，会造成对贷款对象的信用评估工作冗长且效率低下，同时科学性也有待提升。那么这种不规范的征信体系会使得互联网金融企业难以准确评价信贷客户的具体信用指标，容易发生互联网金融企业亏损、贷款中断且流失的现象。

（三）互联网金融信贷信息不对称导致的信用道德感缺失

在互联网平台中，由于个人信用贷款的需求更为强烈，客户类型繁多，因此对于借款人的具体信息方面，互联网金融企业难免会发生客户信贷业务信息不对称的情况，这便大大提高了互联网金融市场整体的信用风险系数，不利于更加完善和全面地掌握信贷信息。

2013年被称为互联网金融发展元年，以"余额宝"上线为代表，也是互联网金融得到迅猛发展的一年。自此，第三方支付机构开始走向成熟化，互联网由此开启了新的发展阶段。

互联网技术浪潮持续地改变着这个世界，互联网技术和金融业务的融合让"互联网金融"走上了历史舞台。但是，随着这股浪潮逐渐恢复理性，业界开始认识到互联网金融模式在促进金融业态升级的同时，也加剧了金融风险。而信用风险，作为传统金融风险中的主要风险，在互联网金融模式中被突显。因此，对互联网金融信用风险的特点、成因以及预警的研究就变得很有必要。

二、研究意义

（一）互联网金融风险预警的必要性

首先，金融业是一个高负债的行业，金融市场的稳定性对于社会经济的发展具有直接的影响。一方面，金融机构经营状况的好坏与社会公众的信任紧密相连；另一方面，金融机构本身高负债经营的特点使其具有天然的脆弱性。如果金融机构发生严重的风险，将严重地影响负债的安全性。其次，由于互联网本身具有开放性的特征，使其风险具有高瞬时性、强虚拟性、快联动性及超复杂性等特点。同时，由于互联网金融涉及多方当事人，监管难度大，操作环节多，风险影响因素复杂，使得其蕴含着巨大的系统性风险。再次，全球范围内的金融一体化加剧了金融市场的不稳定性。金融一体化的发展模式虽然提高了市场效率，但是也扩大了风险的波及范围，使整个金融体系变得更加脆弱。因而一国范围内的危机就更加有可能发展为其他国家甚至整个世界的危机。金融风险的增大，在客观上就要求有更加有效的金融预警机制的出现。最后，金融危机往往具有突发性，这就要求我们要把危机的提前判断作为危机防范的重点。因此，建立一个有效的预警机制是非常必要的。

（二）互联网金融风险预警的可行性

金融风险的发生虽然是多方面因素共同作用的结果，但是可以将反映这些因素的经济指标进行量化处理，达到度量风险的效果。对于互联网企业而言，有一个亟待开发的资源便是呈爆炸态势增长的客户数据。庞大的信息资源被浓缩于这庞大的数据之中。如果能够运用大数据的处理方法，将隐藏在数据中的无限信息发掘，并运用先进的技术进行处理和利用，将在很大程度上促进金融企业的实时风险管理和有力保障企业的正常运营。从这个方面讲，互联网金融预警机制的构建应当植根于互联网大数据之上，并结合传统的风险分析方法，运用统计学原理，借助计算机，利用人工智能手段等。只有这样，才能有可能准确分析并掌握互联网金融领域的风险所在。

同时，金融风险逐渐演变为金融危机。金融危机的形成是一个逐渐积累的过程，危机的爆发也有一定的预兆，一般可以将某些宏观经济指标恶化作为危机的预兆，而且从出现预兆到真正爆发大规模危机一般会有一段前置时间，在危机发生前，与其相关的宏观经济指标值会不同程度地发生异常变化。通过研究发现：从主要经济指标超过监测临界值开始，到金融危机发生的时差，一般期间范围介于12~17个月。在前置期内，如果能够及时发现宏观经济指标的异常变化并进行相应的调控，是可以对金融危机进行防范的。

（三）互联网金融风险预警的目的及意义

建立互联网金融风险预警体系的目的是预防或降低企业在经营过程中，由于决策失误、客观情况变化或其他原因使资金、财产、信誉遭受损失。本书从互联网金融的发展状况入手，介绍了互联网金融的数据及特点，说明了互联网金融风险预警系统的设计原则和系统层级。建立以数据为中心的金融风险预警系统，不仅能够帮助企业降低和减少金融风险带来的损失，也能帮助企业提高、完善经营管理水平。基于大数据的金融风险预警系统作为保障互联网金融正常运行的工具，在传统金融互联网化的时代背景下，将会得到快速的发展。

互联网金融风险预警可以保护单个经济行为主体的交易免受经济损失，并且其日常经济管理也需要完善的金融风险预警和监控系统来随时发现金融风险的存在及变化，以做到有的放矢、有备无患。

对于国家、社会这类经济整体而言，互联网金融风险预警可以及时发现金融体系的风险点，避免金融危机的发生，为实现优质、高效的互联网金融风险管理奠定基础。互联网金融风险管理的重大意义不言而喻，风险的毒爪甚至可以危及一国经济稳定、国家经济主权的控制等。具体可以从单个行为主体与经济整体两个方面来探讨。

1. 对于单个经济行为主体的意义

单个经济行为主体包括居民个人、家庭、企业以及政府等（单个银行及非银行金融机构自然也包括在内），其抵抗金融风险的能力毕竟是很有限的，尤其是对于居民个人、家庭以及风险管理体系通常不甚完善的中小型企业而言。本着审慎的管理原则，互联网金融风险管理应当渗入单个企业日常经营管理的每一个角落。

（1）互联网金融风险管理可以使单个经济行为主体加强对自身金融风险的认识。单个经济行为主体的某个部门或者部分业务在建立了一定的金融风险管理机制或者采取了一定的金融风险管理措施之后，各种潜在经济损失就可能被识别、度量和处理。能够意识到金融风险的存在是进行有效管理的前提。例如，P2P网贷平台可以通过监控项目逾期率等指标来判别自身的经营风险状况，一旦这些指标出现异常波动或者接近国际惯例的临界值，就意味着金融风险在不断扩大。

（2）互联网金融风险管理能够帮助单个经济行为主体以较低成本来避免或减少损失。金融风险管理的实质是一套预测、监控和处理金融风险的有效机制。在识别、测定了单个经济行为主体金融风险的存在后，风险管理措施的选择和实施需要付出一定的成本，在能减少或避免损失的前提下控制经济行为主体所付出的成本是金融风险管理过程中要认真思考的问题。例如，P2P网贷平台可以采取提高审核标准，加强把控，提高借款门槛方面控制标的数量、保证标的质量方面来精确把控在贷余额，适量减少新借款人的贷款额度以及贷款期限等措施来避免或减少风险损失。

（3）互联网金融风险管理可以为单个经济行为主体提供相对宽松、安全的资金筹集与经营环境，提高其资金使用效率，确保经营活动的正常进行。实施金融风险管理从某种程度上来说能够减少或者消除单个经济行为主体的紧张不安和恐惧心理（尤其是对于投身于价格起伏波动的股票市场中的居民个人和家庭而言），提高其工作效率和经营效益。从资金使用方面来说，金融风险管理中有着各种防范措施和对策，可以根据各金融变量变动的情况，保持相对稳定的收入和支出，减少现金流量的波动。例如，P2P网贷平台可以通过合理计提一定的风险准备金来防范流动性危机，同时也能够防止因大量资金闲置而导致效率低下的情况发生。单个经济行为主体可以在金融风险管理的框架下促进资金筹集和资金经营决策的合理化，减少决策的风险性。

(4) 互联网金融风险管理有利于单个经济行为主体经营目标的顺利实现和良好形象的树立。获取收益和利润是单个经济行为主体进行经营的最直接目的，互联网金融风险管理能够把经济主体所面临的金融风险降低到最低限度，减少影响预定赢利目标实现的不确定性，直接或者间接地降低费用开支，最大限度地保证预期收益的获得。树立良好形象的意义对于金融机构而言更为突出。一家建立了完善风险控制体系的P2P网贷平台对于投资者而言具有相当大的吸引力，它可以保证投资者资金的完好保管和有效运用，减少纠纷增强合作，并且不必担心挤兑等严重现象的发生。投资者的信任是P2P网贷平台持续经营的基石。

(5) 互联网金融风险管理能够有效处理金融风险造成的后果损失，防止发生连锁反应。金融风险一旦发生，小则造成一定的经济损失，大则能够危及单个经济行为主体的持续经营。互联网金融风险管理对于P2P网贷平台的意义更为明显。当一家P2P网贷平台出现流动性风险时，其筹资成本增加，倘若该平台具有一定的风险防范措施，能够迅速补充生产资金，就可以将损失减至最小，避免由此引发的其他损失。而一旦流动性风险不能得到更好的处理和控制，很可能诱发挤兑风潮，甚至导致P2P网贷平台倒闭。

2. 对于整个经济体系的意义

作为单个经济行为主体的有机集合，经济整体的情况更为复杂，它实际上还囊括了由于单个经济行为主体之间的交错关系而造成的风险因素，要求更高水平和更为严密的金融风险管理体系。互联网金融风险管理对于经济整体的意义更为宏观，影响更为巨大。

(1) 互联网金融风险管理是一国经济发展形式的需要

在现代经济社会中，无论是何种所有制机构的国家都需要进行金融风险管理。这是因为，作为现代经济核心的金融正以越来越快的速度、越来越强大的力量渗透到社会经济的每一个角落，互联网金融风险成为宏观经济管理者必须正视、有效管理的问题。互联网金融风险监管的课题也正被金融管理与实践工作者所关注。尤其是对于尚处于高速经济增长阶段的中国而言，互联网金融风险会由于摩擦而产生于经济生活中的方方面面，因此互联网金融风险管理是必不可少的。此外，不仅限于金融经济领域，社会的安定与和谐也会受到互联网金融风险管理水平的影响，这仍是由于金融对现代经济的广泛渗透而造成的。在这个大多数人积极参与第三方支付、网络借贷行为的时代，一次较大范围的P2P平台的集中爆雷将会引起投资者的恐慌行为，通过人们的信心、预期、行为等一系列反应，社会秩序的有序性将受到威胁；反之，良好的互联网金融风险管理体制将对社会的稳定具有促进作用。

(2) 互联网金融风险管理是适应国际竞争的需要

20世纪70年代以来，金融自由化和金融一体化程度逐渐加深，各个国家处于相对联动的环境中，2007年美国次贷危机和2009年10月20日开始的欧洲主权债务危机有力地展现了当今经济社会中金融风险传导的能量。金融管制是国家应对金融风险国际性传导的必然举措，然而，在金融自由化环境下，管制往往催生经济行为主体在相应的制度、工具或者结构等方面的金融创新，风险在创新的推动下不断滋长，产生了金融管制与金融风险相互追逐的螺旋式上升现象。此外，国际金融环境的新变化和国际金融创新带来了国际虚拟资本的急剧增加，"热钱"的疯狂逐利更增添了国家交易的不稳定性。据统计，21世纪初始，全球每天有2万亿美元的金融交易，但是，其中只有2%的交易与物质生产和交换有关。从国际性视角来看，互联网金融作为金融创新带来的风险危害更为巨大，各国的货币政策独立性正日益削弱，如何进行有效的互联网金融风险管理是每个国家正努力探索的问题。

(3) 互联网金融风险管理有利于规范金融市场秩序

实践研究表明，加强互联网金融风险管理，建立较完善的风险管理机制，能够保证市场上各个参与者的行为趋于合理化和规范化。这是由于互联网金融风险管理手段的引入能够促使投资者与筹资者双方行为的理性化。一方面，投资者在投资时需要考虑到各种经济变量的变化趋势，通过分析和评估各种金融资产状况来选择最佳投资组合，防止风险的产生和扩大，从而降低了整个市场的金融风险水平，使金融市场的高效、稳定运转得到保证。而筹资者在筹集资金的过程中也需要仔细度量所承担债务的合理数量、期限结构以及通货膨胀等因素，根据实际需要、偿还能力和偏好来确定适当的债务总量和结构，确保所融入资金的顺利回流；另一方面，各种类型的交易行为规范和约束措施，如市场准入和退出的条件、交易规则以及保证金制度等，能够有效防止市场参与者的一些高风险投资行为，从而规范市场秩序，减少市场交易双方之间的纠纷，提高市场效率。

(4) 互联网金融风险管理能够优化社会资源配置

提高效率，合理配置资源，使有限资源得到充分利用是金融市场机制的重要作用。对于经济整体而言，互联网金融风险管理优化社会资源的作用主要体现在对一国产业结构的调整方面。经济行为主体往往趋向于将资源投向安全性较高的部门，然而这并不能带来一国产业结构的合理化，甚至会造成产业结构的畸形发展。而单独依靠市场机制来对产业结构进行调整也是不现实的，因为这会带来巨大成本。因此，通过经济行为主体自觉加强互联网金融风险管理，预先消除或者预防一些风险较大的行业在经营中的不确定因素，则其不利影响将得到一定控制，资源将流向于那些风险大但收益高的行业或部门。这就是互联网金融风险管理促进社会资源配置的过程，从这种意义上来说，互联网金融风险管理有助于提高社会生产率。

（5）互联网金融风险管理能够改善宏观经济环境，促进社会经济稳定有序发展

这个意义可以从集合效应上来理解：当所有或者大部分的经济行为主体采取一定的互联网金融风险管理手段来防范风险的时候，社会整体的金融风险防范已达到一个很高的水平，微小的经济变量变动也可以通过指标来显示监测到，一旦达到形成风险的临界值便会发出警示。而风险防范措施的采用也是逐层递进的，其目的在于以最小的成本来避免最大程度的风险损失。由于互联网金融风险的种类多样、危害程度各异，倘若任由其发展必将危害社会生产的正常顺序，甚至造成社会的恐慌。例如，信用风险可能带来银行挤兑风潮。因此，加强互联网金融风险管理，有利于保证社会经济的安全，创造良好的经济环境，促进社会生产的正常有序进行和健康发展。

第二节 国内外互联网金融信用风险预警研究现状

一、国外研究现状

在国外，尤其是在经济市场发展较为成熟的发达国家，伴随着互联网时代的到来，传统的金融发展模式已经难以适应经济发展的需求，互联网金融应运而生。国外学者对互联网金融信用风险预警的研究主要集中于以下几方面。

(一) 关于互联网金融的研究

Peter Weill (2001) 指出了互联网金融有八种运营模式，主要包括：供给方、服务提供方、用户直接交易、中间方、常规设施共享、价值管理与整合方、虚拟性社区以及政企一体化。Allen (2002) 在其研究中提到了，互联网金融不仅仅是互联网技术在金融行业中的应用，更重要的是通过技术将互联网运营的思想应用在金融行业当中。Kim (2005) 以 eBay 的业务模式为例，指出在互联网金融平台进行交易时，包含诸如银行机构、购买人在线保护机构等多种第三方信用组织提供服务。Thomas Meyer (2007) 在研究中一方面对作为互联网金融模式之一的 P2P 网贷平台如何更好地节约借贷成本进行了阐述；另一方面对 P2P 网贷平台给借贷业务带来的有利影响以及通过对比不同风险条件下借贷双方的差异，对该平台进行借贷业务可能面临的风险问题做了进一步的分析。Klafft (2008) 通过对 Prosper 平台上的数据进行分析后印证出相较于借款人的债务收入比，借款人的信用等级对借款利率的影响程度更大，对互联网金融模式下借贷平台的个人财务状况信用等级评定产生了重要影响。Shahrokhi (2008) 指出互联网金融的发展对金融行业在降低交易成本以及金融类服务等方面产生了诸多积极影响，他认为互联网金融的出现是能与传统金融和资本市场并举的第三种进入运营形式。Xinxin Li, Ram Gopal 和 Harpreet Singly (2009) 利用决策树研究方法对 Prosper.com 的数据进行分析后发现：在信用等级条件相同的情况下，存在着风险和收益相同且出现积极回报的亚群体；信用贷款等级低比信用贷款等级高具有更高的效率，信用贷款等级与贷款效率之间存在反向变动的关系。Mingfeng Lin (2009) 在分析 P2P 网络借贷平台的数据时发现：社会网络关系对借贷过程中信息是否对称方面起到了较为重要的作用，网络借贷将软件嵌入网络中同样促进了软件行业的开发和利用。EC Chaffee 和 GC Rapp (2010) 在 Dodd-Frank 法案颁布后通过对州和联邦两个层面的网贷情况进行调查，提出了对 P2P 网贷平台的监督管理问题以及相应的解决办法。Wolfsburg Group (2013) 在发表的专著中站在借贷双方支付自律的角度上，分析了网络借贷平台上存在的风险问题并在行业自律方面提出了一些切实可行的具体要求。

(二) 互联网金融风险研究

国外对互联网金融风险的相关研究较早，其学者善于通过理论分析与模型构建相结合细化风险分析，在风险管理的同时考虑风险和收益的关系。Pennathr Anait K (2001) 指出传统银行互联网化过程中主要面临操作、安全、法律、声誉等方面的风险，风险管理方法应该比金融业务创新更具有前瞻性，促进了由自我监管向详细审查的演变。Karne Furst (2002) 研究了美国电子金融服务的运营状况，发现电子金融能够拓宽银行负债渠道，促进银行中间业务收入的增长，有利于提高整体资产质量。Haizheng Li, Richard Ward (2003) 等人运用模型方法研究 eBay 网络支付中风险的影响因素，分析了产品、交易者和支付活动的属性和特征对支付选择的影响。Kim (2005) 分析了 eBay 中的第三方支付服务，强调应加强诸如信用卡授权、消费者隐私保护等网络金融中第三方信用机构的服务作用。Harpreet Singh, Ram Gopal, Xinxin Li (2008) 研究了 Prosper 的不同信用层级贷款收益和风险的关系，不同信用等级群体中都存在能够提供积极回报的亚群体，低信用等级的亚群体效率高于高信用等级群体，有效的风险管理可以提高收益。强调网络金融风险管理中监管的重要性，应加强监管制度的建立，明确监管原则并构建征信体系。Jack R. Magee (2011) 认为 P2P 网络信贷存在着巨大的违约风险，重点应加强对交易中信息不对称的管理以及适当的抵押担保措施。

(三) 互联网金融信用风险研究

相比传统金融市场而言，互联网金融市场中借款者的特征差异不大，但是信用风险却很显著。Karena Furst (2002) 对网上银行的发展现状和前景进行了详细的介绍。Sufi (2007), Michael Klafft (2008) 认为，和传统金融市场相同，信息不对称问题一样存在于 P2P 借贷市场之中。此外，由于 P2P 借贷市场中的投资者缺乏专业投资知识和经验，所以网络借贷环境下的投资所承担的信用风险会更高。Herzensteineta (2008) 和 Pope and Sudnor (2011) 认为，P2P 网络借贷平台的借款人是否值得信赖不是由 P2P 平台确定的，而是由投资者个人根据 P2P 平台所公布的借款人信息来判断的。所以当借款人在借贷平台发布虚假信息的情况下网络借贷的信用风险会更大。Michaels (2012) 通过对 Prosper 网站上收集到的借贷数据进行分析，得出当借贷平台没有尽到对借贷的信息真实性进行核实的义务时，P2P借贷市场的安全性就会下降，信用风险就会增大。Harpreet Singha（2009）对不同期限、风险配置的投资运用决策树方法进行研究，认为目前降低信用风险的有效途径就是进行多样化投资来分散风险。Bergern（2007）指出，通过网络平台能够降低投资者和筹资者信息不对称问题，降低信用风险，真正实现共赢的目的。Hal Varian（2011）认为，众筹的发展对富有创造性行业的发展来说是一个巨大的推动力。因为在众筹模式下，创造者的项目只要能够得到人们的认可，那么就会有一定数量的投资者愿意为其提供项目所需费用，帮助创造者将优质的项目变为现实。关于众筹的概念，Mollick（2012）定义为：资金需求者将众筹平台作为融资工具，为其项目筹集所需资金。而投资者无须付出太多的资金投入便可以得到一定的回报，回报的形式可能是产品也可能是一定数量的股权。所以众筹是融资行为的一种，但是又和众包有一些类似之处。在很多众筹的过程中，投资者不但提供资金，有时候甚至还能够参与到项目的实施过程中。Pauline Ratnasingham（1999）以B2B为基础对第三方支付信用风险进行了研究，得出由于参与各方的信用表现存在不同程度的差异，从而使得所产生的信用风险也会不同。Nir Vulkan（2001）在研究中运用了博弈论的方法，主要是基于B2B和B2C模式下，研究参与资金流转中的支付机构和买卖双方彼此之间的信用关系问题，研究得出买卖双方的信用表现取决于支付机构的信用行为。Sulin Ba等（2003）主要是从信用风险防范的角度出发，认为第三方支付平台作为网上交易的重要参与者，在监管方面，应设置市场准入条件，严格把控第三方支付平台的参与资格。在消费者方面，应该自主地选择那些信用较高的第三方支付平台，以此降低损失发生的可能性。

（四）互联网金融信用风险预警研究

许多学者从不同的角度对互联网金融信用危机预警问题进行了研究，这些研究主要集中在风险预警的方法分析上。

1. 单变量预警研究

1932年Fitzpatrick进行了单变量破产预测研究，这是最早的财务风险预警研究。样本选择了19家公司，根据单一财务比率分为破产和非破产两组。研究结果显示"净利润/股东权益"和"股东权益/负债"两个比率判别能力最高。尽管Fitzpatrick的研究成果很好，但之后的30年内很少有学者进行单变量判别法的研究,这种状况持续到1966年,才有人继续研究破产预测问题。Beaver在1966年发表的《财务比率与失败预测》一文中,最早运用统计法建立预警模型。他以单一财务比率指标为基本变量比较79对公司30个变量在1954—1964年间的预测能力,结果发现预测企业财务风险与财务危机最好的判别变量是"现金流量/总负债""总负债/总资产"和"净利润/总资产"。此后,基于单变量的专门研究很少发生。这是因为企业的财务特征通过多个变量反映,所以大多数研究者倾向于使用多变量分析方法。

2. 多变量预警模型

Altman在1968年最早使用了多元线性判别模型对企业财务风险进行预警。他选择了1968年仍在运营的33家公司进行破产前1~5年的预警分析,其精度非常令人满意,也促进了财务危机预警的发展。最近几年,澳大利亚、巴西、加拿大、法国、德国、爱尔兰、日本、荷兰在该模型基础上,进行了类似的研究。为了弥补这些模型的缺陷,研究人员建立了条件概率模型,引进了对数比率回归(logistic)和概率单位(probit)回归方法。Ohlson在1980年回归方法分析非配对样本中,发现破产概率分布使用选定的间隔,以及两种类型的分类错误和分割点的关系。1984年,Zmijewski使用概率单位回归法建立了财务风险预警模型。

功效系数法、递归分类等随着统计学和信息技术的不断发展也被应用于研究中。1992年Salchenberger等人判别公司危机时运用了神经网络分析方法。Messier和Hansen在1988年、Fletcher和Gross在1993年也使用该办法进行公司破产分析。Tam和Kiang在1992年对德克萨斯的银行财务失败案例进行预测。Altman,Marco和Varetto在1994年对意大利企业进行分析预测。这些研究相比早期线性分析模型,取得了良好的效果。

3. 多元判别分析技术

自Altman的开创性工作以来,多元统计分析特别是MDA在金融风险提供方面获得广泛的应用。其基本思想是:基于历史样本成立判别公式,应用于新样本的分类。多元判别分析技术的优点是简洁和更好的解释,缺陷是必须建立在大量、可靠的历史统计数据之上。国外很多专家学者针对这些缺陷对MDA进行改进后形成了统计模型和人工智能模型。目前,国外专家学者、研究者指出改进后的MDA还有许多不理想的地方,在实证中许多理论的优点表现得不理想也不是很稳定。Altman在1994年指出在实证中类神经网络模型、判别分析模型、分类树模型与 MDA 相比优势不明显，在精确性等性能上稍胜 MDA 模型，但往往不稳定，而在计算效率、可解释性、适应性、稳定性、操作性方面逊于 MDA 模型，因此 MDA 几乎是应用最广泛的模型。

二、国内研究现状

（一）风险及互联网金融研究

我国"风险"一词来源较早，其中较为普遍的说法是，相传在远古时期，人们依靠打鱼捕捞为生，渔民们每次出海捕鱼之前都要向神明祈求自己能够平安出行，久而久之，渔民们意识到"风"对于他们的生产生活有极大影响，远航捕捞时，"风"就代表"险"，于是有了"风险"一词。而随着时代的进步和经济的发展以及人类行为的逐渐复杂，风险逐渐演变。结合风险演变的历史，我们可以将风险概括为：风险是由于个体认知能力的有限性和未来事件发展的不确定性，基于个体的主观评估对预期结果与实际结果的偏离程度及可能性进行的估计。

杨雪冬（2016）指出，就风险社会概念而言，它并不是历史分期意义上的，也不是某个具体社会和国家发展的历史阶段，而是对目前人类所处时代特征的形象描绘。因此，我们可以说，人类处于风险社会时代，但不能讲某个国家是风险社会，尽管那个国家的国内情况比其他国家更不安全。进一步说，风险社会不仅仅是一个认知概念，还是一种正在出现的秩序和公共空间。

此外，中国学者张广利（2018）认为，风险社会理论作为基于西方发达国家所面临的风险和危机提出的理论解释，其理论观点既有其普遍性的一面，又有其特殊性的一面。其关于现代性自反、理性内在分裂、现代风险特征等论述具有普遍性和重要借鉴意义；而其关于风险社会内涵、风险根源、风险分配、风险治理等论述则具有西方中心的局限性，并不完全适合解释我国的风险社会现实状况。因此，加强风险理论本土化研究非常必要且迫切。

而对于互联网金融的研究，随着我国社会科技的不断发展，其进步速度加快，因此研究规模越发壮大，我国经济的热门话题已经被互联网金融占据了大片江山。互联网金融是传统金融机构与互联网企业利用互联网技术和信息通信技术实现资金融通、支付、投资和信息中介服务的新型金融业务模式。

据《中国互联网金融行业市场前瞻与投资战略规划分析报告前瞻》分析，在中国，互联网金融的发展主要是监管套利造成的。一方面，互联网金融公司没有资本的要求，也不需要接受央行的监管，这是本质原因；从技术角度来说，互联网金融虽然具有自身优势，但是要考虑合规和风险管理的问题。学者赵月梅（2016）认为，互联网金融的发展是大势所趋，我国经济在经历了迅猛粗放的发展时期后，逐步进入整合调整的新阶段，即经济新常态。因此，经济新常态下要匹配新形态的互联网金融。这对促进经济发展、增加国民生产总值以及提高国民就业比率都起到了重要作用，同时又保障了金融业的持续发展，为我国金融市场增添了动力。

此外，蔡云菲（2017）指出，目前的互联网金融行业虽有华丽的数据呈现给世人，但在其背后却仍然有许多需要改善的漏洞。首先，互联网金融模式对传统金融造成了冲击，影响了日常生活中传统银行的存款量和存款分流，也在一定程度上影响了货币政策；其次，互联网金融存在大量违规操作，不法分子利用法律漏洞和灰色地带进行一些违规操作，甚至构成犯罪行为以谋取利益，造成民众的财产损失；最后，互联网金融的信用风险、自融风险、透明度风险以及技术风险等风险加大，影响金融国内市场经济和金融环境。

因此，我国现阶段对互联网金融的研究致力于对我国互联网金融行业的优势及劣势进行分析，并以此为基础研究互联网金融行业的应对方法及监管策略等。

（二）互联网金融风险研究

互联网金融概念的提出使人们更加清楚地认识到金融模式的变革，为以后的学者进行互联网金融研究打下坚实基础。闫真宇（2013）指出互联网金融风险的产生是因为金融活动中存在不确定因素和不可控制的因素，以及互联网技术拥有特定的性质。他将互联网金融风险分为五大类，第一类是法律法规的不健全，第二类是互联网技术存在风险，第三类是金融业务的监督管理不力，第四类是现存的货币政策不完全适合互联网金融的发展，第五类是部分互联网金融机构存在非法融资和洗钱等犯罪活动。张朔（2014）在其论文中将互联网金融风险分为四种，其一是互联网技术性的风险，其二是互联网金融机构规模的风险，其三是资金流动性风险，其四是互联网金融收益风险。

互联网金融毕竟与传统金融发展模式有所不同，因此，在其风险属性上，也呈现出不同的特点。一方面，互联网金融通过引入大数据、云计算、社区网络等先进技术，对收集、积累到的各种类型数据进行深入分析，在一定程度上提高了金融风险管理水平（郑联盛，2014）；但另一方面，作为一种跨界的金融渠道的创新模式，互联网金融不仅继承、延续了互联网、金融各自领域的风险，还有可能出现产业融合后增生出的新风险，这种增生的风险主要体现在其跨界性、碎片化和不同以往的传染性上（王汉君，2013）。网络技术在金融行业应用得不够成熟，对于互联网金融起到市场规范作用的法律法规不够完善，再加上相关职能部门对互联网金融的监管力度不到位等问题，都使得互联网金融所面临的风险可能比传统金融体系更加严峻（刘楠楠，2014）。进一步地，苏杰（2000）对多边网络清算支付系统的系统风险进行了分析，并指出了如何规避。

　　李媛（2014）指出，对于P2P网贷平台来说，不同的模式具有不同的风险，以有担保和无担保的线上模式以及有担保的线下模式为例，将互联网金融风险分为投资风险、信用风险以及资金掌控风险等。陈成（2015）认为因互联网存在开放性的特点，使得金融业在新的金融发展模式下，在传统金融风险的基础上增加了新的安全风险。主要包括法律风险、监管风险、技术风险、网络安全风险等。夏步刚（2016）通过分析"泛亚挤兑事件"，反思归纳了该事件所暴露出来的互联网金融存在的风险类型。其一是监管不力风险，具体是由相关监管部门未明确监管责任，无法给出切实可行的解决办法所产生的风险；其二是法律风险，是由互联网金融立法滞后于其发展所产生的风险；其三是信息不透明风险，正因存在监管主体的缺失和法律的不健全才会引发信息的不透明；其四是错配风险，当企业产生恶性循环时，错配风险会愈发明显；其五是违约风险，错配风险会导致企业资金链断裂，而资金链的断裂极大可能会引发违约风险。

　　互联网金融仍规避不了经营风险。比如，著名的"哈哈贷"在成立两年后的2011年因资金问题被迫关闭、"众贷网"（2013年4月2日倒闭，运行不到一个月）、"铀利亚"（2013年6月倒闭）、"黄山资本"（2013年9月倒闭）也都因经营不善而相继倒闭。对于互联网金融信贷平台和网上支付而言，也面临着诸多风险。比如，"中财在线"P2P平台自主研发的互联网系统于2013年7月6日遭黑客攻击，不幸的是，数百用户隐私被泄露。这类事件不断发生,再比如在 2013 年 9 月,木马病毒"弼马温"对网银支付进行数据劫持,致使很多客户遭受了数额不一的资金损失。

(三) 互联网金融信用风险研究

许海龙(2018)指出信用风险是金融市场最古老也是非常重要的一类风险。造成信用风险的主要原因是网络在线交易的虚拟性以及交易双方获得信息的不对称,出于对成本的控制,对借款人的审核达不到银行风控标准,以及限于人员数量和专业水平的问题,更难进一步鉴别风险。张玥玥(2018)指出信用风险表现在企业风险、个人风险两个方面。在当前征信体系下,个人不良信用在互联网上甚至可以得到修改。企业的信用风险同样也有漏洞,企业为吸引更多的资金,夸大用户量与收益。这些不实行为导致的信用下降,不能及时体现在互联网金融平台上,加剧了信用风险,也阻碍了互联网金融的发展。

张宴歌(2019)指出目前我国个人信用体系还未建立起来,而互联网金融虽发展迅速,但由于发展较晚,且众多互联网金融的有关平台存在着信用行为不互通等盲点问题,尚未形成成熟完善的征信体系。我国现在互联网金融飞速发展,但 P2P 网贷跑路事件也频繁发生,因此深化对互联网金融信用风险监管是目前该行业急需解决的问题。

王雅琴(2018)指出我国央行的征信系统记录的数据主要集中在消费者的持卡信息、消费和还款记录、转账、提现等信息上,依此来判断一个人信用情况相对不太准确。互联网金融应向传统金融行业征信系统学习,应尽力与传统金融有效融合,借鉴其基础的征信数据,并进一步结合阿里的芝麻信用分这类电商大数据,甄别其日常的信用情况。康宁、蒋东辉(2019)指出如果平台没有完备的信息审核机制,那么就会导致平台需要承担高于评估水平的信用风险。因此应全面建设个人信用库与企业信用库对借款人进行评估,依次进行反欺诈审核、初次评分审核、二次评分审核、多次评分审核、信息审核,最后进行额度审核。

(四) 互联网金融风险预警研究

张玥玥(2018)指出随着互联网金融在不断发展的同时互联网金融风险也伴随而来,所以要建立互联网金融风险预警系统。建立互联网金融风险预警系统要根据互联网金融风险的特点进行分析,互联网金融风险兼有金融风险的特性又叠加了互联网金融的虚拟化特性,使得互联网金融风险更加复杂多样。首先互联网金融风险在法律上存在许多风险,其次就是技术风险,再次是信用风险,包括个人风险和企业风险。因为在互联网上个人不良信用可以得到掩盖和隐瞒。梁永礼(2018)指出随着金融全球化的发展,国际金融市场风险日益突出,其论文在阐述国内外已有文献的基础上以金融系统性风险为研究对象,运用规范分析和实证分析结合的研究方法,论述金融风险产生的机理。论文中应用经典理论(不稳定理论,信息不对称理论,信息脆弱理论,金融资产价格波动理论)分析金融系统性产生的机理,并在对我国金融安全现状进行评价的基础上对金融系统风险进行了预警,从宏观和微观角度分析我国系统性风险产生的机理,并探讨我国在中国国情下的金融风险预警系统达到的预警目的。论文中加入了影子银行,BP神经网络风险网络预警模型,深度学习技术等。最后提出预防系统性金融风险的建议(降低宏观经济杠杆,深化金融改革模式,完善存款保险制度和改善金融生态环境),以建立健全我国金融风险预警机制。王莉(2017)指出随着互联网金融在我国的快速发展,P2P平台网贷模式发展最快,已成为互联网金融模式的典型代表,但却伴随着互联网金融风险问题。文中首先界定了互联网金融风险和P2P平台风险预警概念,然后分析互联网金融和P2P平台风险现状,并进一步分析风险成因,从而建立互联网金融背景下风险预警指标体系,并运用主成分分析法构建回归风险预警模型进行实证分析,最后从政府和P2P平台两个方面提出预防风险发生的建议。贺永正(2016)指出互联网金融是依托互联网技术与传统金融融合创新产生的新型业务,所以互联网金融会面临传统金融的风险性和互联网网络风险的双重风险特性。本书重点剖析互联网金融的理财产品风险发展阶段,旨在建立动态的风险预警与管控机制。

  通过上述国内外学者对互联网金融风险预警的相关研究,我们可以看到,国外学者对互联网金融风险的研究比较早,形成了较系统的研究文献。国外学者对互联网金融信用风险的研究主要集中于定量及模型的研究。国内学者对互联网金融风险的分类及防范措施的研究较多,也有部分学者通过构建模型研究互联网金融风险预警。但是,国内外文献关于风险预警的研究中,信用风险作为其中的一个组成部分,单独研究信用风险的比较少,对信用风险预警进行研究的文献更是少之又少,因此本书着重于研究我国互联网金融信用风险预警。

第三节　国内外互联网金融信用风险预警发展现状

一、国内发展现状

为降低互联网金融信用风险的发生，国家发布了一系列条文，如：《关于防范通过网络平台从事非法金融交易活动的风险提示》《关于做好P2P网络借贷风险专项整治整改验收工作的通知》《关于开展P2P网络借贷机构合规检查工作的通知》等。同时也出台了一系列鼓励监管科技发展的政策和策略，希望借助科技来破解风险难防、机构难管和手段有限的困境。2017年央行金融科技委员会成立，明确表示"强化监管科技应用实践，积极利用大数据、人工智能、云计算等技术丰富金融监管手段，提升跨行业、跨市场交叉性金融风险的甄别、防范和化解能力。"

2017年12月12日，国家互联网金融安全专家委员会发布消息称，国家互联网金融风险分析技术平台于日前正式获得国家发改委批复立项。该平台由国家互联网应急中心负责建设和运营。同时我国还诞生了很多其他以大数据为基础的互联网金融风险预警系统，如在2018年支付宝开发的"风险大脑"系统已经开始立功，协助各地金融监管部门进行了1.2万次风险企业识别，发现1400多家疑似非法集资平台，其中28%已被立案查处，预计减少经济损失逾百亿元。腾讯结合大数据，优先提出了金融、传销风险态势感知和预警的解决方案：灵鲲金融风险监管平台。不仅帮助监管部门及时获知互联网上的金融平台和传销平台，还能够实时掌握平台的风险信息，及时发现风险平台，第一时间介入风险平台的调查和处置。这些平台的风险主要指标有逾期天数、逾期期数、贷款余额、月均贷款余额、核销金额、回收金额、净坏账、在账月份、逾期率、账龄分析等，根据对这些指数的计算，系统对互联网金融平台的信用风险做出评估，对互联网金融信用风险做出合理预警，将风险扼杀在萌芽中。

从 P2P 网贷平台层面来看，平台会从前十名贷款人的信用和借款金额等各项单个情况对信用风险做初步评价，但是有系统完善的互联网金融风险预警框架和预警系统的平台并不多，定期对金融风险进行评估预警的平台更是少之又少，而这正是本书研究的重点。

二、国外发展现状

(一) 美国互联网金融风险预警系统

美国的网络借贷平台主要包括 PROSPER，LendingClub 等，具有很高的行业集中度。经过了十多年的发展与完善，这两个平台已经积累了很多值得我们借鉴的风险控制经验。以 LendingClub 为例，其主要特点是信用评级和贷款利率的确定。具体而言，LendingClub 首先参考了 FICO 的信用评分法，然后根据平台自身的数据对其进行进一步的修改，形成其独有的信用评级制度；之后将所有借款人依据该信用评级制度分为 7 个大等级（A-G，由高至低）与每一等项下 5 个小等级；最后对每一等级对应的贷款利率进行规定。该种信用风险定价模式对于缺乏专业信贷风险知识的投资者进行了保护，将大部分信用风险识别义务纳入机构平台中，最大限度地避免了由于信息不对称而导致的市场失灵。此外，对于借款人的资格，LendingClub 也进行了一定的限制，以确保借款人的信用信息真实可查，如要求有美国社会保障号、FICO 信用评分高于 660 分以及信用历史长达三年等。这些措施不仅保证了借款客户的高信用度，降低了整体违约率，吸引稳健型投资者，而且大大降低了潜在的信用风险。

将西方的一些发达国家在金融风险预警系统领域的发展进行相互比较，我们会从中发现美国的金融风险预警系统的发展较其他国家更为成熟。由联邦储备委员会、财政部货币监理署、联邦存款保险公司（FDIC）及银行委员会等各个自成体系又相互关联的子系统构成了美国现有的预警系统。通过对金融机构的各种财务报表和其他资料进行分析，能够得到各种财务比率指标，运用这些指标体系可以对金融风险进行测定和预警。1979 年美国联邦金融机构检查委员会提出了"骆驼评级体系"（CAMELS），到目前为止，该体系一直被广泛运用，其中的主要内容由资本充足率（capital adequacy）、资产质量

(assetquality)、管理水平（management）、盈利状况（earnings）、流动性（liquidity）和市场风险敏感性（sensitivity to market risks）六个方面所组成。由于在评级方面的效果显著，这种体系至今仍然被很多国家和机构在很多区域所应用。美国主要通过存款保险公司和清算信托公司来处置银行危机。

（二）英国互联网金融风险预警系统

英国互联网金融的发展和监管把重点放在行业自律方面。2011年，英国的Zopa，RateSetter和Funding circle通过制定P2P信贷的行业准则规范业务模式和内部控制机制建立了"P2P金融协会"。与此同时，Zopa等P2P公司加入了英国最大的反欺诈协会，目的是尽早地发现其中可能出现的欺诈行为。所以，英国更加注重宽松的非审慎型监管，仅在投资者保护这一方面进行了顶层设计，让行业自律能达到最大的使用效果，平衡互联网金融效率与安全的问题，这种方法也使得2014年4月前的英国P2P行业获得了200%的年增长率。

英国金融预警系统的特点是自律式监管，英国作为这一预警系统的主体，其中央银行采取了一系列宽松的管理态度对出现问题的银行进行处理。该国的预警指标包括三个方面：资本充足率、外汇持有风险和资本流动性。1997年制定的比率风险监管体系则是对银行业务（business of bank）、风险记录（record of risk）、宏观经济环境（macro-economy nvironment）的综合性评估，"风险评估（risk assessment）""采用恰当的监管工具（tools of supervision）"和"监管评价（supervision evaluation）"是金融风险预警系统完整且具备合理性应有的三个阶段。

（三）日本互联网金融风险预警系统

日本的金融预警系统主要针对两种情形：其一是健全经营的商业银行，其二是经营不善的银行。健全的商业银行体系由于风险较小，主要是采用调节一系列财务或业务比率的方法，例如调节银行本身的资本充足率，以达到预先警告和防范银行业务运营中可能存在的风险的目的；针对处于破产过程中的问题银行，则需由大藏省银行组织的一支由民间银行和金融机构组成的工作救援小组进行事后处理，如支援或兼并收购问题银行。另外，日本银行业还积极通过各种方式推动资本/资产比率的增长，来满足巴塞尔协议的要求。

(四) 德国互联网金融风险预警系统

联邦信贷监督局和中央银行在监管工作中分工合作构成了德国的金融风险预警系统主体。而在预警系统中采用的 CAMEL（骆驼）评估体系基本上与美国所采用的相同，除此之外，德国预警系统中的预警信息披露制度规定银行、银行管理人员及对银行进行审计的审计人员有报告义务。作为世界上重要的离岸金融市场之一，德国通过建立严格的市场准入条件、规范现场和非现场监督形成了一个监管健全的银行业体系，以对银行业实施严格的监管。

不仅各国积极构建本国的金融风险预警系统，而且国际上许多金融组织也对金融风险预警问题十分关注。其中，自成立以来的70年间，国际货币基金组织（IMF）在维护国际金融体系稳定方面发挥了必不可少的作用。国际货币基金组织关于金融稳定及风险预警系统主要由五个方面组成：促进汇率稳定、协调经济政策、对成员国经济中存在的风险提出意见、基金贷款和提高经济运行情况的透明度。由于各国的数据不足、缺乏对投机资本的有效监督和约束机制等问题导致国际货币基金组织的金融风险预警系统存在问题，而历次金融危机更说明了这一问题。此外，东南亚地区和欧洲地区也在不同程度上讨论了各自地区的金融风险预警问题。

金融风险预警系统越完善，国家整体的金融风险防范能力就越强。但由于各国的金融体制和监管方法存在差异，因此各国在金融风险预警系统的建设方面就因"国"而异。其他国家先进的风险预警系统值得我国学习和借鉴，我国的互联网金融也需要建立和完善符合我国互联网金融发展实际情况的预警系统。

第一章 互联网金融概述

互联网金融作为我国金融改革浪潮中的一个新兴领域，是实现资金融通、支付和信息中介功能的新兴金融模式，是传统金融业与互联网精神深度融合的结果，也是时代发展的必然产物。伴随着我国网络和信息技术的飞速发展，互联网金融作为我国"第三种金融融资模式"，在发展模式、金融理念、运营方法等方面不断创新，派生出的互联网支付、P2P网络借贷和众筹等名词已被大众所熟知。互联网金融以其成本低、效率高、覆盖广和普惠性等特点，深刻影响着人们的日常生活。

本章内容意在阐明互联网金融产生的原因及发展历程、互联网金融的界定及特征。掌握互联网金融的基本模式和相关理论基础，充分认识互联网金融对金融业带来的影响与挑战。

第一节 互联网金融的概念及特征

一、互联网金融的概念

业界对互联网金融的定义有以下几种：马云（2013）认为互联网金融是互联网企业从事金融业务的行为，而传统金融机构利用互联网开展的金融业务称为金融互联网。谢平（2012）认为以互联网为代表的现代信息科技，特别是移动支付、社交网络、搜索引擎和云计算等，将对人类金融模式产生根本影响，可能出现既不同于商业银行间接融资、也不同于资本市场直接融资的第三种金融融资模式，即"互联网金融模式"。周宇（2013）认为互联网金融是指通过或依托互联网进行的金融活动和交易。广义的互联网金融包括两个部分：（1）通过互联网进行的传统金融业务，即将已有的线下业务转化为线上业务，该业务主要由金融机构进行，被称为金融互联网业务；（2）依托互联网创新而产生的新兴金融业务，该业务通常由电子商务企业推出。狭义的互联网金融主要指上述第二种业务。

当互联网企业介入金融行业，开展的业务包括互联网企业通过互联网平台开展的结算、小微贷款、标准化金融产品销售、信息中介等金融业务时，就构成了互联网金融。互联网金融在缓解信息不对称、提高交易效率、优化资源配置、丰富投融资渠道等方面有别于传统金融。互联网金融不是金融与互联网的简单结合，而是现代金融创新与科技创新的有机融合。李博、董亮（2015）将互联网金融分为传统金融服务的互联网延伸、金融的互联居间服务和互联网金融服务三种模式。他们认为，互联网延伸是一种广义上的互联网金融，电子银行、网上银行、手机银行都属于这一范畴；互联居间服务应用模式有第三方支付平台、P2P信贷、众筹等；金融服务多为互联网企业向金融业的渗透，如小额贷款公司、基金保险销售平台等。互联居间服务和金融服务可划为狭义上的互联网金融。吴晓灵（2016）认为，互联网金融应包括四个方面的内容：（1）与电商相结合的结算业务；（2）基于销售信息的小微贷款业务；（3）基于支付账户的标准化金融产品销售；（4）借贷双方的信息平台。

目前得到监管的是与货币运动关系密切的结算业务。谢平（2014）按照互联网金融形态在支付、信息处理和资源配置三大支柱上的差异，将其划分为传统金融的互联网化、移动支付和第三方支付、互联网货币、基于大数据的征信和网络贷款、基于大数据的保险、P2P网络贷款、众筹融资、大数据在证券投资中的应用等八大类。高汉（2014）根据互联网的主要功能，将互联网金融分为支付结算类、融资类和投资理财保险类三类。

互联网金融是依托于支付、云计算、社交网络以及搜索引擎等互联网工具而产生的一种新兴金融模式。主要包括第三方支付平台模式、PPZ网络小额信贷模式、基于大数据的金融服务平台模式、众筹模式、网络保险（放心保）模式、金融理财产品网络销售等模式。

互联网金融并不是互联网和金融两个概念的简单加总。目前，"互联网金融"在全球还没有统一定义。市场人士将互联网企业从事金融的行为称为互联网金融，而将传统金融机构利用互联网的业务称为金融互联网。不过，随着金融和互联网的相互渗透、融合，这一狭义概念的边限正变得模糊。广义来看，互联网金融泛指一切通过互联网技术来实现资金融通的行为。我们认为互联网金融是传统金融行业与以互联网（目前主要是 Web 2.0）为代表的现代信息科技，特别是搜索引擎、移动支付、云计算、社会化网络和数据挖掘等相结合的新兴领域。一方面国内金融机构主动利用互联网平台改造传统业务模式，另一方面互联网公司依赖技术和平台开始渗透到金融领域。当金融遇上互联网，互联网"开放、平等、协作、分享"的精神正在对传统金融业态进行渗透，崭新的互联网金融生态正在生长。

中国金融机构对互联网金融的描述是：互联网金融是互联网与金融的结合，是借助互联网和移动通信技术实现资金融通、支付和信息中介功能的新兴金融模式。狭义的互联网金融仅指互联网企业开展的、基于互联网技术的金融业务。广义的互联网金融既包括作为非金融机构的互联网企业从事的金融业务，也包括金融机构通过互联网开展的业务。

我们认为，互联网金融是传统金融行业与以互联网为代表的现代信息科技，特别是搜索引擎、移动支付、云计算、社交网络和数据挖掘等相结合产生的新兴领域，是借助于互联网技术、移动通信技术实现资金融通、支付和信息中介等业务的新兴金融模式。不论互联网金融还是金融互联网，只是战略上的分类，而没有严格的定义区分。随着金融和互联网的相互渗透、融合，互联网金融已泛指一切通过互联网技术来实现资金融通的行为。互联网金融是广义金融的一部分，传统金融机构的互联网业务，也应该是广义的互联网金融的组成部分，两边是交叉进行、相互促进的。互联网金融目前的发展模式主要包括第三方支付、P2P 小额信贷（peer to peer lending）、众筹融资（crowdfunding）、互联网货币（如比特币、Q 币等）、电商金融以及其他网络金融服务平台等。

互联网在中国的实践具有中国特色。其中，"互联网＋"和互联网金融的概念就是在中国首先被提出并在实践中得以快速发展的。"互联网＋"即以互联网平台为基础，将信息通信等技术与其他各行业进行跨界融合。从行业发展的角度看，"互联网＋"是非常成功的一个行业融合。直观来说，在互联网平台上，包括在移动互联网平台上，进行的所有与金融产品和服务相关的活动就是互联网金融。

二、互联网金融的特征

自2012年兴起的互联网金融,历经野蛮生长的洪荒开拓、各领风骚的模式分化以及暗流涌动的风险激荡,正逐步迈向政策包容、市场成熟、用户依赖、生态井然的阳光地带。同时,也显现出了一些共性特征。

(一)伴生于商务平台

何为互联网商务平台?应当说,互联网时代的商务平台是一种轻资产形式的虚拟营业场地。传统的经济活动和金融交易行为往往高度依附于重资产形式的物理场所。然而在互联网时代,强大的网络通信技术把独立的个体和分散的经济活动通过网络串联在一起,形成了一个无形却真实、虚拟却有效的交易场所。平台一方面连接了超过800万商户和近3亿用户的淘宝,另一方面连接超过1.5万商户和700多万用户的苏宁易购。相比于传统的物理交易场所,互联网平台虚拟营业场所高度集中,大大降低原始投入,从而使交易成本更低、交易规模更大、撮合效率更高,经济活动的规模通过互联网的技术杠杆实现了倍增。

互联网商务平台作为虚拟的营业场地,其价值通过其广泛连接的商务机构网络得以充分体现。平台在与各类外部机构建立连接的同时,其与所连接机构双方的资源也实现了有效的互补。一方面,平台为外部机构提供了用户、账户、支付工具等一系列的基础资源;另一方面,外部机构为平台增添了各类业务、产品资源。双方通过彼此连接快速实现了资源的共享,彼此经营能力都得以快速提升。广泛连接下的资源聚合,成为互联网平台的核心价值体现。

互联网平台的形成并非一蹴而就,往往是在以某个独特新颖的商务应用开发出有待拓展或提升的市场需求后,首先构建一个专业化的业务服务网站,如始于电子商务的阿里巴巴、始于个体网络借贷(P2P)的陆金所等,并凭借在该领域建立的先发优势快速形成规模化扩张和服务路径依赖,完成初始用户及各项资源的积累,再凭借既有用户、入口以及各项基础服务资源优势,构建广泛的连接网络,实现业务、产品资源的进一步扩展与聚合,基于互联网快速传播以及入口依赖等特性,快速形成平台放大效应。

（二）积极跨界

在人类社会遵循生产力发展阶段，从游牧、农耕逐步走向现代大工业的过程中，实体经济的产业界限始终是清晰的，产业之间的物理阻隔也泾渭分明，不同经济类型间的融合存在天然屏障，社会分工基本固定。而在互联网平台上，没有了物理阻隔的电子商务与金融之间，通过网站的简单连接，特别是同一个入口下简单的页面跳转就能迅速切换交易主体的可能性，使得虚拟经济的产业界限开始模糊，不同经济类型、经济活动间的藩篱也被悄然推倒。比如，视频网站开辟了推销图书和影票的单元，专业跑步网站顺便做起了"跑遍世界"的旅游广告，房地产门户配套置业项目在家用车选购上大做文章，交叉跨界的格局就此形成。跨界让互联网商务平台具备了无限的可延伸性，特别是以往不能想象的商务领域向金融领域的大尺度跨界。在沉淀了巨大的流量后，互联网商务平台可以快速叠加业务单元，向最终用户推送不同的服务和产品，向"大一统"的综合商务平台自然过渡。

与互联网金融相关的跨界活动演绎出两股潮流。一方面，电商平台基于商品贸易活动搭建闭环生态补充各类金融禀赋。于是我们看到了支付宝、财付通等支付工具作为电商网站配套设施的蓬勃兴起，看到京东白条、蚂蚁花呗这些消费金融产品的积极涌现，看到电商网站在用户信用评级、水电煤缴费、信用卡还款等个人综合金融服务方面的持续耕作。每一个电商平台，自诞生之日起，就会在服务种类和产品种类上不断衍生扩展。另一方面，金融机构也在向商业反向跨界，并在银行、证券、保险等机构之间相互跨界。自中国建设银行首推电子商城以来，大量的商业银行开始自建商务网站，纷纷推出商品和金融产品销售。此外，证券机构、基金公司也在跨界开展支付、网贷和财富管理服务，提供一站式的综合服务。像汇添富公司近年来推出的互联网现金理财产品"现金宝"，就引领了集投资、支付、还款等功能于一体的综合财富管理热潮，受到很多年轻朋友的热捧。

互联网金融大发展引发的跨界效应是积极正面的。其一，无论是纯商业机构向金融跨界，还是金融机构内部的互相跨界，跨界最终扩展了金融范围，从外延上丰富了金融产品、金融服务乃至电商机构和金融机构的多样性；其二，跨界促进了竞争，打破了垄断，提升了效率，改善了公共服务；最后，跨界有效推动了综合金融服务和金融混业经营的进程。

(三) 广泛连接

虽然平台是互联网金融活动的基本载体，但不连接的平台却是寸步难行、毫无意义的孤岛。向外不断连接的平台带来了商务活动的广泛性和丰富性。基于平台间不断扩展的互联互通，极大地丰富了多维延伸的商务空间，用户不但可以通过一个入口完成所有服务和产品的选择，而且大大提高了选择的可能性和便捷性。

基于此，各种互联网平台开放胸怀，以企业对企业（B2B）形式，带着各自的客户资源，互相拥抱、联姻，使平台功能通过连接得到完善，资源通过连接实现共享。而广泛连接为平台导入的流量又带来了新的价值，所以我们看到大型平台把流量导向垂直渠道进行精准营销，几大平台商定时间联合组织促销。平台主动焊接功能型网站（如征信、支付），这样一种"你中有我、我中有你"的商业联盟既形成了互联网时代的专业化分工，又实现了互为客户、互为服务、互为资源的局面。随着连接越多，流量越大，平台的资源也就越多，潜能就越大，价值就越高，可谓"连接就是资源，流量创造价值"。

(四) 精耕账户

互联网金融创新无一不是通过账户革新而实现的。在互联网金融平台广泛连接的基础上，无论是传统的银行存款账户，还是为支付便利开立的支付账户、优惠积分账户、电子钱包账户，或是迅速成长的个人理财账户、高端财富管理账户等，都可以成为个人金融资产或货币财富集聚的大本营。作为消费、投资行为的出发点和归宿点，所有个人财富的商业价值派生于账户。在一个账户之内，货币资产得以集聚，金融业务、金融产品和投资的分类、分级账户可以集成管理和相互转化。同时，客户的"内心世界"——他的风险偏好、消费能力、行为特征、品牌倾向……均能通过账户这一经营单元的原始交易数据进行归集，并基于这些数据进行定制化推广和精准营销。就互联网金融平台而言，通过账户，用户可以更好地获取综合金融服务，而平台经营者则可以更好地向用户提供丰富的金融产品和综合金融服务。所以，完全可以说，谁拥有了规模化的账户体系，谁就拥有了丰富的金融资源；谁能够有效开发并经营好账户体系，谁就能在互联网金融大潮中抢得先机并占有市场竞争的制高点。由此可以解释，商业银行之所以取得过去一段时期发展的黄金十年，在于拥有这样的账户体系；而证券公司一度徘徊不前，正是缺少可以多功能应用的账户体系。

两年前，《金融 e 时代》一书中这样总结账户的功效："掌握客户账户是商家在电子信息时代进行圈地的重要竞争手段，这是因为在未来的网络经济时代中，账户会逐渐演变为客户登录互联网的身份验证和综合信息管理平台，是企业争夺客户资源、纵深拓展客户价值并提供可持续服务的最直接、最有效的途径。"今天看来，精耕账户的"变法维新"正燎原为互联网金融平台的共性做法。

(五) 自我进化的生态演绎

平台的广泛连接和账户的持续创新，带动了互联网金融向生态化演绎。一方面，互联网商务的延伸效应，使得各种金融产品和增值服务可以在平台上自然生长，用户基于一个平台、一个入口可以选择多种产品和配套服务；另一方面，支付、电商、网贷、众筹、理财……这些基础的金融要素，在一个平台上繁衍成互为依存的生态环境，彼此带动，相互提携，交叉发展，形成了一站式自我进化的综合服务的生态形式。

事实上，互联网商务生态化演绎，既是互联网加快发展的必然结果，也是使分散的产品与服务得以集聚融合、不同的专业分工得以协调互补的推动力量。我们看到"BAT"三巨头互联网生态体系的构建，无一不是从某项服务出发，到支付工具、搜索引擎、电子商务等平台的搭建，再到积极构建囊括餐饮、娱乐、打车等具体应用场景在内的生活生态圈。这种生态圈不是简单的服务拼装或者功能组合，也不是纯粹追求低成本的物理迁移，它是对人们衣食住行方式的重大提升和根本性革新。

我们看到越来越多应用场景丰富、主体参与有序的开放金融平台在不断涌现，我们感受到人类的基本需求与金融要素通过互联网方式结合成了一种崭新的生活理念和社交方式。在一个开放、便捷、流淌着社交元素、服务品类不断丰富的互联网金融生态圈里，金融功能不再是简单生硬的模式分工，投资理财也不再是理性冰冷的收益比较，个体金融行为正滋润出浪漫的诗意和温暖的情怀。

（六）便利普惠

互联网打破了时空隔阂，方便快捷成为网络商务的最基本特征，也同样成为互联网金融的基本属性。例如，曾经费时费力、麻烦多多的水电煤等各种公共事业缴费以及各类名目的汇款、还款，如今通过广泛连接和方便快捷的第三方支付网络，可以随时随地轻松完成。再如，有些网贷平台推出"极速模式"，可以在1min内告知用户预估信用额度，在10min内向用户核准授信结果，最快1天内就能实现资金到账。借助互联网手段，金融服务的场所迁移到了电脑和手机上，金融活动的响应时间降低到秒级，全社会的整体金融福利效用大大提升。

互联网金融平台对传统商业长尾客户的服务改善则表现为一种金融普惠性。过往由于各种原因无法得到有效金融服务的群体，借助互联网方式享受到了福利，这一点在小微企业金融服务领域表现鲜明。一方面，由于互联网技术边际成本极低，大大降低了金融服务的沟通成本和交易成本，小微企业这些过去未得到银行充分服务的客户越来越成为银行的重点对象；另一方面，大数据、云计算等技术使银行能够及时掌握客户的交易数据和行为信息，提升了风险控制水平，融资难的瓶颈正在逐步被突破。互联网超越了实体经济的发达程度和边远地区乃至山区的物理交通阻隔，将无差别的普惠金融服务传播到不同的空间和所有的人群。

（七）赢家通吃

相比传统产业，互联网产业存在较强的路径依赖等特点，市场资源往往集中于某几个具有先发优势的大型平台，排名前两位的机构将占据80%的市场份额，"二八"格局较为明显。互联网金融作为一种新兴的互联网业务形态，本质上同样具有互联网产业的共性特点，如作为市场先发机构，支付宝、财付通长期占据超过80%的互联网支付交易规模，在移动支付领域的优势更为明显。

先发优势往往会转化为入口优势，成为用户获取服务的第一选择，进而带动网络连接、流量规模、业务收入等多方面资源的快速形成，建立起较强的市场竞争壁垒，如可以凭借既有优势辅以基础服务免费或低价形式开展竞争，有效打击立足未稳者，不断做实先发优势，夯实领先地位。

更进一步来看，人口优势、路径依赖所带来的广泛连接效应不断充实、丰富互联网金融平台的资源体系，形成产品资源、用户资源、流量资源的集聚，带动互联网金融平台在实现与外部机构资源共享的同时，迅速形成产品全面、支撑有序、体验良好、共生共荣、自我进化的生态体系，并基于用户实际需求和风险偏好，为其提供多产品、全价值链的一站式投资理财服务。无论是出身互联网体系的蚂蚁金服，还是诞生于传统金融的陆金所，均通过广泛连接体系内外部资源的方式，实现了互联网金融综合服务平台的布局，覆盖支付、P2P、基金销售、保险理财、资产转让等多个业务领域。综合化、一体化的互联网金融服务体验不断提高新进者的从业门槛，赢家通吃、强者恒强局面日益强化。不难想象，以万众创新方式创业的互联网小微企业，要经过怎样的奋力拼搏，才能最终修成正果，发展成为可以自我立足的商务平台，走上自我进化的互联网商务生态演绎之途。

近年来，围绕基础设施、平台、渠道和场景这些要素的构建和改进，互联网金融取得了蓬勃发展。虽然经历了一些风险事件的考验，但行业向好势头明确。特别是2015年年中《关于促进互联网金融健康发展的指导意见》的出台，明确梳理了互联网金融的业态，确定了监管的边界，也提出了规范中加以呵护的监管倾向，这将促使整个互联网金融行业回归健康发展的生态秩序。

第二节　互联网金融的模式分析

基于现阶段互联网金融呈现的不同商业模式、不同的金融表征与服务对象等特点将其分为新型货币、货币支付、资金筹集、资金融通四种类型，并在这四种类型下依次分为电子货币、新型虚拟货币、电子支付、P2P网贷、众筹、网络银行、网络证券、网络保险九种模式（参见表1-1），本书下面的章节将逐一进行阐述。

表 1-1 互联网金融不同类型与模式一览表

类型	包含模式	行业特点	举例
新型货币	电子货币	一种抽象的货币概念，以电子信号为载体的货币	信用卡
	新型虚拟货币	产生于虚拟世界、发行去中心化、总量恒定、流通领域不受限制，可直接或兑换为法定货币进行商品交易的一类货币	比特币
货币支付	电子支付	独立于商户和银行的在线支付和结算平台	支付宝
资金筹集	P2P网贷	个人或个体商户基于互联网平台进行贷款	人人贷
	众筹	创意类项目的发起者通过在线平台向投资者筹集资金	大家投
资金融通	银行业互联网化：网络银行	利用互联网平台发展银行理财业务	招商银行
	证券业互联网化：网络证券	利用互联网平台发展证券业务	国泰君安
	保险业互联网化：网络保险	利用互联网平台发展保险业务	众安在线

一、新型货币

新型货币是一类通过计算机技术生成的非实体货币的总称。笔者把新型货币分为两类：电子货币与新型虚拟货币。在传统的货币理论中，可以根据货币的职能或者本质从不同的角度给货币下定义，然而，迄今为止，电子货币与新型虚拟货币都没有一个统一明确的定义。为了便于研究，笔者对二者的界定都采用较为广义的定义。我们认为，可以把电子货币分为狭义和广义的电子货币，巴塞尔委员会对电子货币的定义是狭义的界定，广义的电子货币应该是指以计算机网络为基础，以各种卡片或数据存储设备为介质，借助各种与电子货币发行者相连接的终端设备，在进行支付和清偿债务时，使预先存放在计算机系统中的电子数据以电子信息流的形式在债权债务人之间进行转移的，具有某种货币职能的货币。同时，我们认为，新型虚拟货币是广义虚拟货币的一种，是指产生于虚拟世界、发行去中心化、总量恒定、流通领域不受限制，可直接或兑换为法定货币进行商品交易的一般等价物。此类虚拟货币没有实物形态，不由货币当局发行。典型的代表有：比特币（Bitcoin）、莱特币（Litecoin）、瑞波币（Ripple/XRP币）以及一些早期的新型虚拟货币如B-Money、E-Cash等。

（一）电子货币

进入20世纪中期以后，随着科学技术的进步和生产力水平的进一步提高，高效、快速发展的大规模的商品生产和商品流通方式对传统的货币提出了新的挑战，对货币支付工具提出了新的要求，迫切需要有一种新的、先进的货币工具与高度发达的商品经济相适应。电子货币正是适应市场经济的高速发展，能够体现现代市场经济特点的货币形式。现阶段，电子货币（electronic money）作为一种新型支付工具，已经受到人们的追捧，见诸于生活方方面面的交易场景中。现已基本成形的电子货币包括：赛博硬币（cybercoin）、数字现金（digit cash）、网络现金（netcash）、网络支票（netcheque）等。

（二）新型虚拟货币

最早的新型虚拟货币实践产生于20世纪90年代，但由于许多原因最终都未能成功。2008年11月，中本聪（Satoshi Nakamoto）提出比特币（Bitcoin，简称BTC）的思想，并在2009年初成功实践其理论系统。比特币的问世标志着新型虚拟货币进入崭新的发展阶段。在比特币产生之后，许多早于比特币产生的新型虚拟货币，如B-Money，E-Cash等才为人所知。同时也出现了大量的比特币模仿者，如莱特币（Litecoin）、点点币（PPCoin）、素数币（Primecoin）等。

二、电子支付

所谓电子支付，就是利用现代计算机技术进行记账、转账、交割、汇兑等一连串的金融服务活动。美国早在1918年便建立起了专用的资金传输网，后来经过无数次的改进，在20世纪60年代组建了电子资金转账系统。最后，德国和英国相继也研制出了自己的电子资金传输系统。直到 1985 年，世界上出现了电子数据交换技术并在电子支付中得到了广泛的应用。随着电子支付的发展，电子货币可随时随地通过 Internet 直接转账、结算，形成良好的电子商务环境。目前，电子资金转账系统是银行同其客户进行数据通信的一种有力工具，通过它，银行可以把支付系统延伸到社会的各个角落，例如，零售商店、超级市场、企事业单位以至家庭，从而为客户进行支付账单、申请信贷、转账、咨询、交纳税金、房地产经营等金融活动提供方便、快捷的服务。同时，电子支付系统打破了传统支付模式对营业网点的依赖，从时间和空间上对支付系统进行了一场深刻的变革。

电子支付按照支付指令的发出可以分为网上银行支付、第三方支付、移动支付、电话支付以及自助银行支付。其中，第三方支付产业作为电子商务的重要服务支持行业，从诞生之初就以爆炸式的速度不断发展，近几年依然保持着高速增长的态势。自从 1998 年 12 月以美国 PayPal 为代表的第三方互联网支付平台成立以来，通过互联网实现第三方支付的功能得到了快速发展。目前，使用的支付终端已从计算机发展到手机等移动设备，即所谓的移动支付、手机钱包等模式。更为重要的是，通过对用户数据的积累，衍生出新的金融产品创建和销售渠道。在美国，PayPal 成立后不久，1999 年就推出了以 PayPal 支付账户数据为基础的货币基金。在中国，2013 年 6 月，阿里巴巴以第三方支付工具（支付宝）为基础推出了"余额宝"。需要说明的是，"余额宝"虽然本质上是一款由天宏基金管理的货币基金，但其产生和运作方式却是以第三方支付平台积累的大数据为基础、以互联网络为技术保障。也许个人或商户、第三方支付平台和商业银行之间的清算方式没有变化，但如今以移动互联技术为基础的微信支付、二维码支付等，在给用户带来更新体验的同时也在重新划分支付市场的格局，影响个人的消费和投资行为以及企业的经济活动。

近几年来，随着智能手机的普及，移动支付和电话支付的方式具有很好的前景。电子支付业务保持较快增长，移动支付业务笔数涨幅明显。央行发布的《2018 年支付体系运行总体情况》显示，2018 年银行业金融机构共处理电子支付业务 1751.92 亿笔，金额 2539.70 万亿元。其中，网上支付业务 570.13 亿笔，金额 2126.30 万亿元，同比分别增长 17.36% 和 2.47%；移动支付业务 605.31 亿笔，金额 277.39 万亿元，同比分别增长 61.19% 和

36.69%；电话支付业务 1.58 亿笔，金额 7.68 万亿元，同比分别下降 0.99%和 12.54%。

三、资金筹集

（一）P2P 网贷

P2P（peer-to-peer lending），即点对点信贷。P2P 网络贷款是指通过第三方互联网平台进行资金借、贷双方的匹配，需要借贷的人群可以通过网站平台寻找到有出借能力并且愿意基于一定条件出借的人群，帮助贷款人通过和其他贷款人一起分担一笔借款额度来分散风险，也帮助借款人在充分比较的信息中选择有吸引力的利率条件。P2P 平台的盈利主要是从借款人收取的一次性费用以及向投资人收取的评估和管理费用。贷款的利率或者是由放贷人竞标确定或者是由平台根据借款人的信誉情况和银行的利率水平提供参考利率。

2005 年，世界上第一家 P2P 网贷平台 Zopa 在英国成立，2006 年，Prosper 和 LendingClub 先后在美国创立，LendingClub 目前已经成为全球最大的 P2P 网贷平台，累计发起贷款数量约 14 亿美元。P2P 网贷借助于互联网极大地扩展了个人与个人直接借贷的范围，而 P2P 网贷平台主要为借贷双方提供信息服务和支付清算等中介服务。

国内首家 P2P 网贷平台"宜信"于 2006 年 5 月创立。2007 年 8 月，纯中介的 P2P 平台"拍拍贷"成立。随后，出于扩大供需双方参与者和风险控制的考虑，国内 P2P 平台的经营由纯线上中介模式创新出以"宜信"为代表的债权转让模式、以"陆金所"为代表的担保模式和以"爱投资""积木盒子"为代表的 P2B 模式。同时，不少平台引入了第三方托管、风险备用金制度、分散投资和自动投标等一种或多种风险控制机制。

2013 年以来，P2P 网贷平台出现爆发式的增长，无论是传统金融机构还是一些上市公司，以及各路民间资本都在大举抢占 P2P 网贷市场。在经历了前两年平台大幅度增长的过程后，据网贷之家的统计，2016 年上半年 P2P 网贷平台数量呈现了阶梯下降的走势，2015 年底全国正常运营平台数量有 2595 家，而截至 2016 年 6 月底，正常运营平台数量已经下降至 2349 家，半年时间减少了共 246 家正常运营平台。2017 年到 2019 年间正常运营平台数量仍然进一步下降。2019 年第一季度各月运营平台数量如图 1-1 所示。

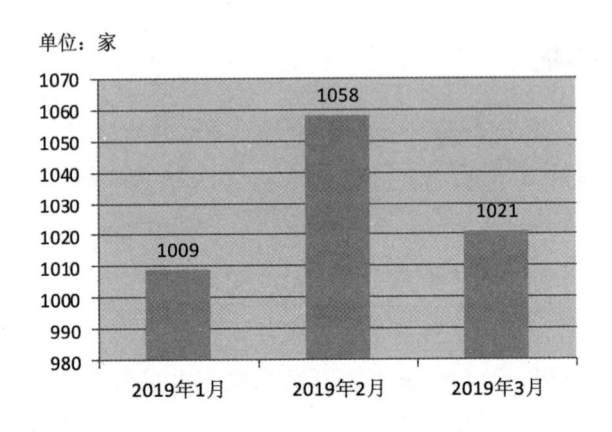

单位：家

2019年1月	2019年2月	2019年3月
1009	1058	1021

图 1-1　2019 年上半年各月运营平台数量

（二）众筹

众筹大意为大众筹资或群众筹资，是指用"团购＋预购"的形式，向网友募集项目资金。众筹本意是利用互联网和 SNS 传播的特性，让创业企业、艺术家或个人对公众展示他们的创意及项目，争取大家的关注和支持，进而获得所需要的资金援助。众筹平台的运作模式大同小异——需要资金的个人或团队将项目策划交给众筹平台，经过相关审核后，便可以在平台的网站上建立属于自己的页面，用来向公众介绍项目情况。众筹的规则有三个：一是每个项目必须设定筹资目标和筹资天数。二是在设定天数内，达到目标金额即成功，发起人即可获得资金；若项目筹资失败，则已获资金全部退还支持者。三是众筹不是捐款，所有支持者一定要设有相应的回报。众筹平台会从募资成功的项目中抽取一定比例的服务费用。与热闹的 P2P 相对，众筹尚处于一个相对静悄悄的阶段。目前国内对公开募资的规定及特别容易踩到非法集资的红线使得众筹的股权制在国内发展缓慢，很难做大做强，短期内对金融业和企业融资的影响非常有限。

美国 Artist Share 于 2003 年 10 月在互联网站上发起了第一个项目融资，主要面向音乐界的艺术家及其粉丝。粉丝通过网站出资资助艺术家，艺术家通过网站融资，解决录制唱片过程中的费用，而所有出资的粉丝以获得艺术家的唱片为回报。Artist Share 可以说是互联网众筹融资模式的鼻祖。

奥巴马 2012 年 4 月 5 日签署的 Jumpstart Our Business Startups（JOBS）法案，允许通过社交网络和互联网平台向公众销售一部分资产，为众筹融资扫清了法律障碍，使众筹成为解决新创小企业融资的新渠道。截至 2013 年 11 月，美国有众筹融资平台 344 家，占全球数量的一半；英国有众筹平台 87 家，平台数目排在第二。

最初的众筹模式，如果项目最终筹资并运作成功，投资者获得的是产品或者服务等非金钱回报，即所谓的"产品众筹"，其实质类似于商品预售。随后，出现了以资金回报为目的的众筹平台。项目发起人通过转让公司部分股权获得资金，投资人通过获得公司股权收益得到回报，即"股权众筹"模式。无论商品众筹模式，还是股权众筹模式，众筹平台通过互联网技术，使得投资人和项目发起人能直接对接，绕开了金融中介机构。但是，金融中介在投融资过程中的功能和作用是否被众筹融资平台所替代，还需要进一步探讨。

研究院和中关村众筹联盟联合发布的《2016 中国互联网众筹行业发展趋势报告》显示，2011 年第一家众筹平台"点名时间"诞生，2012 年新增 6 家，2013 年新增 27 家，这几年众筹平台增长较为缓慢。但到了 2014 年，随着互联网金融概念的爆发，众筹平台数量显著增长，新增运营平台 142 家，2015 年则新增 125 家众筹平台。截至 2018 年底，全国共有 850 家左右众筹平台，目前正常运营的众筹平台达 145 家。我国众筹的发展情况如图 1-2 所示。

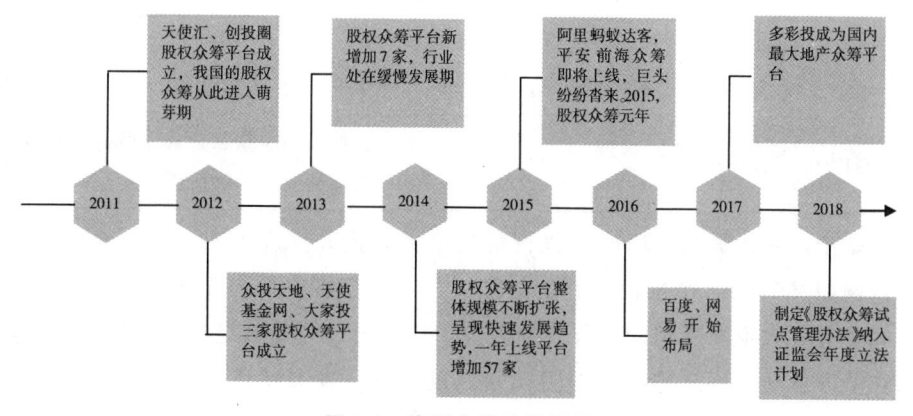

图 1-2 我国众筹发展历程

四、资金融通

(一) 银行业互联网化：网络银行

随着电子商务的迅猛发展，电子支付的需求越来越大。互联网金融模式的出现，改变了银行独占资金支付的格局。为了应对互联网金融的冲击，商业银行纷纷做出自己的调整和改变，建立起网上银行，提供在线支付服务。1997年，招商银行率先推出"一网通"，首次开设网上银行业务，以网上银行作为对物理渠道的有效补充，积极探索互联网金融的发展。随后，中国银行、建设银行、工商银行、农业银行等各大商业银行也陆续推出网上银行业务。作为中间业务收入来源，网上银行也日渐突显其优势，如不受时空限制、费率低、办理业务方便快捷等。传统银行与网上银行具体业务比较如表1-2所示。

表1-2 传统银行业务与网上银行业务比较

	传统银行业务	网上银行业务
到账时间	同行同城：实时；跨行或异地：1~5天	2h~1天
手续费率	0%~1%（同行同城免费），50元封顶	0.15%~0.2%，25元封顶
信用卡还款	同行：免费；跨行：转账同转账手续费，代扣1~3元/笔	免费
创新能力	较弱	退出AA收款、我要收款，以及送礼金、手续费优惠等

基于这些优势，中国网上银行替代率大幅提升。近年来，网上银行替代率普遍超过70%，个别银行更是突破90%。由于多方参与互联网金融，传统中间业务收入不断受到未来分流的考验，各大银行开始制定战略型发展策略。而在业务创新方面，银行纷纷打出自己的品牌，发展特色业务，具体内容如表1-3所示。

表 1-3 各大银行电子银行特色业务

银行	金融服务	生活服务
中国银行	电子钱包	中银快付
工商银行	金融超市	网上商城
建设银行	手机与手机转账	银医服务、"悦生活"支付缴费平台
农业银行	金融e站、保险e站	缴费e站
交通银行	小企业e站在线、淘宝旗舰店	
中信银行	线上pos贷、转账直通车、信用卡分期	
光大银行	"融e贷"线上质押贷款	
招商银行	小贷通	一卡通

另外，业务渠道也有所创新，不仅包括网上银行，还包括手机银行、电话银行、电视银行、移动银行、微银行、微信银行等多种电子渠道。例如，建设银行的"摇一摇"账户余额查询、招商银行的微博"微预约""微信支行"以及农业银行的"三农金融服务车"等，都体现出各银行在业务渠道方面的扩展与深化。通过多种渠道的多样化业务开发，银行客户规模得以扩大，客户体验度得以提升。而这些电子银行的建立仍旧是传统金融业务在互联网上的延伸，主业方向并没有本质改变。业务范围被困于电子商务核心产业链的外围，无法获得第一手客户数据信息。为了突破这一瓶颈，部分银行开始尝试建立网上商城，直销金融产品与服务。例如，交通银行在天猫设立旗舰店，销售保险、基金、黄金等产品；光大银行在淘宝上开设营业厅，销售理财产品——定存宝。传统商业银行试图全方位涉足互联网，力争打造更完备的互联网金融服务体系。

（二）证券业互联网化：网络证券

网上证券，是证券公司基于互联网建立起来的线上商业模式。国泰君安、华泰证券、方正证券等多家券商均已迈出了大胆尝试的第一步。其业务范围已不仅局限于传统的证券经纪业务，还包括更为多元化的新型业务，例如，自建金融理财商城、入驻大型电商网站建立理财超市、与大型互联网门户合作等。以国泰君安建立的君弘金融商城为例，客户除了可以在网上开户，也可以线上投资基金产品、信托产品。投资者只需要通过互联网完成资金账户的开设，即可在该网站购买货币基金、债券型券商资管产品等中低风险理财产品。此外，君弘金融商城还为客户提供了融资融券、约定购回式证券交易等服务，客户均可在线完成此类业务申请。

2013年3月，方正证券"泉友会旗舰店"入驻天猫商城，将服务产品的销售搬到了线上。销售产品涉及咨询服务、交易软件和理财咨询等。其"曾老师量化解盘及金股推荐炒股必备视频"预售总销量达533件，方正泉友会投资决策主力版单月股票软件选股炒股软件总销量达164件。相比华创商城，方正证券在经营品种方面体现了证券公司的专业化。此外，国金证券与腾讯合作，打造在线金融服务平台则是券商与大型互联网门户合作的典型范例。双方将通过金融创新和互联网技术创新，发挥各自优势，共同打造在线金融服务平台。

由此可见，证券业务互联网化已成为当今券商业务发展的主流。监管层也表示"支持证券公司与互联网金融公司合作，支持设立网上证券公司"，并相继颁发了《网上证券委托暂行管理办法》《网上证券经纪公司管理暂行办法》和《证券账户非现场开户实施暂行办法》，对网上证券业务加以法律规范。宏源证券研究所副所长易欢欢指出，未来标准化、规模化的服务将采取纯线上模式，而个性化、定制化服务将采取线上和线下即O2O模式。对于券商来讲，拥有搜集运用数据的能力以保证数据灵活有效将成为公司的核心竞争力。

（三）保险业互联网化：网络保险

网络保险，又称电子商务保险，是指保险公司或者保险中介服务公司以互联网和电子技术为工具支持保险营销的经济行为，是互联网金融模式的一种业态形式。

作为互联网金融模式的一种，网络保险亦具有互联网金融所具备的优势。成本低、方便、快捷是网络保险的亮点。展业成本的降低是传统保险公司进行网络销售的内在驱动力，成本的降低有利于保险公司下调保险产品价格从而获得价格上的竞争优势。与此同时，方便、快捷以及价格的低廉刺激了客户进行网上投保，对网络保险的需求进一步扩大。

社交网络、大数据和云计算等技术的革新与创新，为保险公司产品的设计提供了数据支持，个性化服务、私人定制成为可能。传统保险行业服务与产品的同质化问题得到了解决。基于对客户数据的分析，保险公司对成本的管理以及风险的控制更加精细化与数字化，为保险行业的长期发展奠定了基础。

但是，需要注意的是，网络保险毕竟处于发展初期阶段，在产品的设计以及用户体验上存在一定的欠缺。目前，网络保险还处于销售简单保险产品的阶段，而复杂的保险产品销售上还存在一定的法律问题。传统的保险公司，缺乏互联网基因，在用户数据积累上不足，因此与互联网企业深化合作才能创造互利共赢的局面。

整体来说，互联网金融的出现不仅弥补了以银行为代表的传统金融机构服务的空白，而且提高了社会资金的使用效率，更为关键的是将金融通过互联网而普及化、大众化，不仅大幅度降低了融资成本，而且更加贴近百姓生活。它对金融业的影响不仅仅是将信息技术嫁接到金融服务上，推动金融业务格局和服务理念的变化，更重要的是完善了整个社会的金融功能。互联网金融的发展壮大会给银行业带来一定冲击，但也为基金公司、证券公司、保险公司、信托公司等带来了新的机遇。随着互联网金融沿上述九种模式的方向深入发展，将进一步推动金融脱媒，挑战传统金融服务的方式方法，改变金融业内各方的地位和力量对比。

第三节　互联网金融与传统金融的关系分析

互联网金融是传统金融行业与互联网相结合的新兴领域，是指依托于支付、云计算、社交网络以及搜索引擎等互联网工具，实现资金融通、支付和信息中介等业务的一种新兴金融。是传统金融行业与互联网相结合的新兴领域。互联网金融与传统金融相比，具有透明度更强、参与度更高、协作性更好、中间成本更低、操作上更便捷等特征。

随着互联网经济的不断发展，社交网络、云计算、大数据等越来越多的互联网应用为传统行业业务发展提供支持，互联网对传统经济的渗透程度不断加深。2013年从阿里金融、余额宝到虚拟货币比特币，再到发展如火如荼的P2P在线信贷，互联网金融受到社会各界的普遍关注。大家在感叹互联网金融的模式创新和高效的同时，也在思考互联网金融与传统金融的关系，互联网金融为传统金融注入了活力，有望开启金融变革的新时代。

一、互联网金融与传统金融的比较

传统的金融投资中，人们需要亲自到一些金融机构来完成复杂烦琐的手续办理，再通过人工办理的方式进行一些金融产品的选择，这些需要耗费掉投资者大量的时间，很多时候一些投资者发现因为时间上的耗费，使得本身很好的投资机会白白地浪费掉了。所以说对于投资者们来说需要有一种新型的投资方式来保障投资的效率，就在这样的一个背景下，互联网金融诞生了。和传统的金融投资方式相比，互联网金融更加快速和高效，人们不需要走出家门，只需要在网络上进行一些产品的对比和了解之后就能够完成投资，不管是对什么样的投资者来说，互联网金融都不需要太过于深厚的金融行业的基础。因为在网上进行的这些项目都比较简单，加上一些专业的平台上都有着直接的教程和完善的服务，帮助这些新进入到投资行业的人进行学习和探究。

互联网金融是依托于支付、云计算、社交网络以及搜索引擎等互联网工具而产生的一种新兴金融模式，主要包括第三方支付平台模式、P2P网络小额信贷模式、基于大数据的金融服务平台模式、众筹模式、网络保险模式、金融理财产品网络销售等模式。互联网金融因具有资源开放化、成本集约化、选择市场化、渠道自主化、用户行为价值化等优点，将对传统银行业务带来巨大冲击。互联网金融为传统金融机构及新兴金融机构带来了巨大的机遇与挑战。尽管互联网巨头开售理财产品的时间并不长，但互联网金融的威力不容小觑。以阿里余额宝业务为例，用户将支付宝中的资金存入"余额宝"，即自动购买天弘基金旗下"天弘增利宝"货币基金。数据显示，经过短短三个多月发展，截至2018年底，"天弘增利宝"资金规模已达1.13万亿元，成为我国最大的公募基金和货币基金。目前"余额宝"开户数已达5.88亿，累计为客户赚取收益超1700亿，不仅如此，货币基金累计利润也已达8726.74亿元。传统金融行业早已如临大敌。中国人寿保险公司副总裁张响贤在2013中国金融年度论坛上坦言，当前快速发展的信息技术正在改变整个社会，也在改变着金融保险行业，其中最显著、最直接的就是销售模式的改变，网络销售成为近两年发展最快的保险渠道。据不完全统计,截止至2018年上半年我国保险电子商务市场在线保费收入达到了1097.9亿元。张响贤还透露,目前正在推动中国石景山区电子商务保险公司的建设。在重塑用户体验之上,一些传统行业的互联网化进程更加深入,典型的代表是小米和大可乐等互联网手机厂商对传统手机制造业的颠覆式创新。它们从一开始就摒弃了产品导向的思维模式,改为"硬件、软件、互联网"并重的用户体验思维。硬件倚仗物理形态诉说产品理念,软件迎合客户不断提升的服务需求,而互联网则是贯穿始终的消费文化主张。

当前中国金融体系具有高度垄断性,竞争不充分、不透明,对实体经济服务效率低,金融服务没有跟上经济发展的步伐,亟须基因式变革,而推动这一变革最重要的力量来自互联网。不过,在当下互联网金融热的背后,亦隐藏着很多不容忽视的问题。互联网金融还存在很多监管空白。无论法律规范还是监管标准,都应当跟上时代的步伐,敞开胸怀让互联网金融进入到金融体系当中,同时也要加强监管,防范互联网成为新的非法集资平台。除了监管的缺失,安全性问题是制约互联网金融发展的最关键障碍。互联网金融未来成功的核心是风险控制,即不仅仅是高科技创新,而且还应该有信贷技术的创新。面对过去覆盖的几千万企业主、工薪阶层和几亿贫困农户,信用的方式有可能可以生效,但如何把信用风险控制住则必须在信贷技术方面有所突破。

二、互联网金融相比于传统金融的特点

虽然从2013年开始互联网金融热才遍布全国,但是互联网金融的发展并不是从2013年才开始,互联网金融涉及的业务领域也非常广泛,在货币、基金证券、支付、在线信贷、众筹融资领域都有创新的互联网金融业务模式在进行探索。由于互联网金融是传统金融与互联网技术相结合的产物,其存在形态的虚拟化、运行方式的网络化与传统金融相比有自身独有的特点。

(一)业务运行网络化

互联网金融开展业务无须大量设立经营网点及配备大量人员,因此运营成本较低,准入门槛相对不高,这与传统金融机构需要具备相当的资金规模

存在明显区别。

（二）业务经营信息化

互联网金融通过互联网及相关软件，将高度分散化的企业、个人信息进行系统集中处理，形成分门别类的信息数据资源，并以此为基础提供资金融通和交易服务。

（三）业务竞争自由化

互联网金融突破了物理、空间的限制，缩短了业务链条，可实现金融业的全面自由发展，推进新业务更加便捷，竞争更加激烈。

（四）业务交易"平民化"

互联网金融的市场参与者相对平民化、大众化，一般民众可通过互联网进行各种金融交易，交易流程相对简化且易于操作，这与传统金融机构进行客户分级分类，专注于大客户明显不同。

（五）业务交易低成本化

互联网金融是基于互联网虚拟空间开展的金融业务，具有一定的成本优势。金融产品的发行、交易以及货币的支付可以直接在网上进行，交易双方在资金期限匹配、风险分担上的成本非常低，进而大幅降低了市场交易成本。同时，互联网平台省去了传统的庞大实体营业网点费用和雇用众多员工的人力资源费用，大大减少了投资成本、营业费用和管理成本。据估计，互联网的业务成本和传统的业务成本相差很大，往往能达到1∶100甚至1∶1000。

（六）业务交易高效化

依靠强大的信用数据积累与挖掘优势，以及互联网、移动支付、搜索引擎、大数据、社交网络和云计算等先进技术手段，互联网金融模式可以突破时空限制，减少中间环节，便捷支付方式，金融活动参与者通过互联网有了更直接、更有效的接触，透明度更高，极大程度上减少了市场信息不对称，使市场充分有效，从而接近一般均衡定理上描述的无金融中介状态，有效提高了资金融通效率。

互联网的发展逐渐从 PC 端向移动端渗透，越来越多的移动应用应运而生，随着平板电脑、智能手机等移动端设备的推出，其便于携带、功能丰富、操作简单的特点，使用户可以使用互联网提供的金融服务。利用互联网，用户可以通过手机、平板电脑等客户端随时随地进行转账、支付、购买理财产品等业务，可以实现交流沟通、获取资讯等目的。信息在网络上快速传播的特点，使得用户能够在第一时间获取信息，信息更为透明和公开。同时，网络将自身的特点赋予到互联网金融上，可以对全球进行有效的覆盖，打破传统地域的限制，并且突破时间上的约束。金融与互联网的结合，业务覆盖范围将会扩大，将会有更多的客户。

（七）注重客户体验

互联网金融秉承开放、平等、协作、分享的互联网精神，在服务模式上由传统的面对面柜台交易转向开放式的群体参与、互动式沟通；在商业模式上通过实时交互、大规模协作实现组织扁平化、去中心化，客户群信息平台化、网络化，并可以通过数据挖掘和分析，提前发现潜在客户和潜在需求，为客户提供优质高效的产品和服务体验。客户不需要去银行网点排队等候，降低了时间成本，除此之外，计算机在业务处理上效率更高，可以使客户体验得到改善，提升满意度。

（八）风险特殊性

互联网金融的特点决定了其引发风险的因素及影响与传统金融存在差异。互联网金融除具有传统金融业经营过程中存在的流动性风险、市场风险和利率风险外，还存在基于信息技术导致的技术风险、系统安全风险和基于虚拟金融服务的各类业务风险，且风险扩散传播速度更快、风险诱因更复杂。虽然互联网金融平台可以通过大数据来进行客户的信用调查，但没有与人民银行征信系统进行对接，大量的数据信息不能够共享。与传统商业银行相比，风险控制能力还不足，因此加强互联网金融企业的风险控制能力是今后工作的重点。

第四节 我国互联网金融发展模式及现状

中国互联网金融企业领先全球。据《2016年全球互联网金融100强》报告可知，中国占据互联网金融企业全球十强的大部分席位，我来贷、融360和品钛也跻身全球互联网金融企业50强。

一、互联网金融发展模式

在"互联网＋"思维和实践的推动下，互联网金融在中国快速发展。从发展的路径上看有两种模式。

（一）"互联网＋传统金融行业"发展模式

互联网让传统金融行业去思考，如何运用互联网去重新审视传统的金融产品和服务以及与此相关的行业监管政策条例，从而推出创新性的产品及服务，这也是"互联网＋传统金融行业"的发展模式。传统金融行业指的是由银行业、保险业、货币发行汇兑及外汇管理机构、产权交割中心、证券交易及管理机构及其所提供的产品和服务的集合。例如，中国工商银行作为传统金融服务的公司，其推出网上理财等产品，就是一种互联网＋传统金融行业的表现。

（二）"IT创新企业＋互联网＋金融产品和服务"的发展模式

互联网也使很多在信息技术领域的公司和创业者去思考，如何提供创新性的和前所未有的技术和服务，去参与到一个自己以前并不熟悉的行业——金融行业，这就是"IT创新企业＋互联网＋金融产品和服务"的发展模式。"IT创新企业＋互联网＋金融产品和服务"的模式让互联网思维成了改造金融服务的指导思想。例如，阿里巴巴作为一家IT企业，推出创新性的基于互联网的金融服务产品——支付宝（Alipay），以提供第三方支付服务，从而进入互联网金融行业。

二、我国互联网金融发展现状

近年来，随着我国互联网的飞速发展以及智能手机的广泛普及，我国的网络银行、P2P网络借贷以及第三方支付等互联网金融模式的交易规模不断扩大，交易数额持续增加。例如，以第三方支付工具与天弘基金合作产生的余额宝，自问世以来便发展得如火如荼，现在正以"全球第二"规模逆市增千亿。截至2018年底，余额宝规模为1.13万亿元，2018年全年为用户创造收益509亿元。目前余额宝的累计用户规模达5.88亿，与2017年相比增长了24%。虽然余额宝自2014年2月上线至今五年多时间，但其对国内金融行业的影响却是深远持久的。互联网金融不仅拓宽了投资者的投资渠道，更丰富了筹资者的融资方式，使资金需求者以较低的融资成本筹资、投资。从深层意义上讲，它推动了国内金融市场改革，促进了金融体系转型，在政府支持发展和严格监管的情况下，发展前景令人称羡。

具体来说，我国互联网金融发展现状主要表现为以下几个方面：

1. 从快速发展阶段转入规范发展阶段

随着风险专项整治工作深入开展，互联网金融风险整体水平在下降，互联网金融风险案件高发频发势头得到初步遏制，行业监管规则和要求进一步明确，行业发展环境得到进一步净化。

2. 行业占金融总量的比重较低，但业务涉众面较广

以P2P网贷为例，据不完全统计，P2P网络借贷行业总体贷款余额不到同期金融机构人民币各项贷款余额的1%。但同时，P2P网贷不论是投资端还是借款端，用户都在持续稳定增长。

3. 业务模式众多，但主要业态发展呈现分化态势

具体来说，互联网支付发展迅速，商业银行占据主体地位，非银行支付呈笔数多、单笔交易额较小的特点。P2P网贷行业整合、退出现象明显，运营平台数量有所下降，成交量与参与人数仍稳步增长。互联网保险业务扩张较快，创新较为活跃，业务渗透率不断提高。互联网基金销售稳步增长，业务集中在互联网货币基金销售。互联网消费金融参与主体多元化，发展快速，以小额、短期的贷款业务为主。

互联网股权融资发展相对滞后，股权众筹融资监管规则尚未发布，互联

网非公开股权融资实际开展业务的平台较少。

4. 互联网金融"鲶鱼效应"明显

互联网金融在理念、技术和模式等方面的创新，促使中国传统金融机构不断改变业务模式和服务方式，为传统金融机构的改革发展注入了新动力。比如，据不完全统计，截至 2018 年年末，中国已有互联网直销银行 117 家。其中，比较有代表性的中国工商银行"融 e 行"网络银行平台移动端客户已达 3.13 亿人。

第二章 互联网金融信用风险概述

金融业是大数据的生产者和使用者之一，其市场调研、行业企业统计数据、消费者研究报告以及业绩报表等都是数据的来源。杜永红（2015）认为，随着我国互联网的高速发展，数据量迅猛增长，传统金融机构数据处理技术已无法解决大量不规则"非结构性"数据的问题。传统金融机构以实体形态存在，而与之相比，互联网金融则具有特殊虚拟性质，它能够有效结合金融理论、因特网技术、金融管理等理论和技术，并且利用互联网技术开展方便灵活的金融业务。作为一种新颖高效的现代化金融形式，互联网金融包含大数据金融、第三方支付、众筹、P2P网贷、互联网保险以及互联网金融门户等多种发展模式，现已覆盖银行、保险和证券等多个金融领域，并以其虚拟性、信息化、创新性等显著优势，影响着人们的经济生活。

互联网金融这一划时代的变革，一方面给传统金融市场带来了前所未有的机遇，另一方面使得传统金融业信用安全面临着严峻挑战。互联网金融在我国起步较晚，与发达国家相比，对其风险的防控研究相对较少，使得我国互联网金融市场的问题日益突出。

传统金融机构在网上开展金融业务，时常碰到各种风险问题，诸如操作风险、信誉风险、法律法规风险和安全风险等，而这些风险都会加大互联网金融的信用风险（Bergerand Gleisner, 2008）。陈静俊（2011）指出我国互联网金融中的网络贷款用途难以核实，信用风险较大。周宇（2013）认为，当今我国的互联网金融正处于起步阶段，很难准确辨别其在中长期内对传统金融机构信用风险的影响程度。我国互联网金融在多元化发展阶段，面临着法律法规风险、业务管理风险和技术与信息风险等，而这些风险问题会对互联网金融信用风险产生不同程度的影响，使得整个互联网金融体系不能够安全运行（乔仁峰，2014）。然而，金融风险在网络中可以被放大，同时也可以被防控。杨虎、易丹辉（2014）认为，在国家支持互联网创新的政策背景下，互联网金融迅速发展，亟须建立互联网金融风险预警系统进行风险防范。姚国章、赵刚（2015）指出科学有效地评价和监控互联网金融发展的风险是事关互联网金融发展未来的重要因素。因此，对于我国商业信用与银行信用都尚且不够完善的金融市场，如何测度并降低互联网金融信用风险是我国金融业在发展过程中亟待解决的一个问题。

信用风险是金融市场中最古老也是最重要的金融风险之一。它随着借贷的发生而发生，直到这笔贷款的本金和利息完全归还或者发生违约金冲销损失准备而结束。随着金融市场的迅猛发展，金融市场有必要对信用风险进行更加灵活、积极和主动的管理，通过各种金融技术将信用风险层层剥离，选择更加完善的风险管理方法，将风险降低或转移。

第一节 互联网金融的风险种类分析

随着互联网技术对金融行业的影响越来越大，近年来，互联网金融在中国取得了快速发展。与此同时，由于互联网金融业务规模的急剧扩张以及金融创新的不断涌现，使得互联网金融业务也暴露出了许多风险隐患，主要表现在六个方面，即信用风险、互联网技术风险、法律风险、政策与监管风险、流动性风险以及消费者权益被侵犯风险。

一、信用风险

信用风险指交易对象没有能力继续履约而给其他交易对手带来的风险。大部分互联网金融网贷平台对投融资双方的资质审查不严格，准入门槛要求低，而且信息披露制度普遍不够完善。互联网上的融资方经常在高杠杆比率下经营，无抵押无担保状态下的借款现象比较多。

我国征信机制不够完善，网络数据的数量不够、质量不高，在这些条件下，互联网交易双方地域分布的分散化使得信息不对称问题愈加严重，加剧了信用风险。近年来，互联网金融的信用违约和欺诈案件频发，网贷平台"卷款跑路"的现象频频出现。2016年1—4月跑路的P2P平台超过300家，30%的P2P平台出现了运营困难的情况，总体来看，出现问题的P2P平台数量远超 2015 年同期。由于我国很多 P2P 网贷平台借给融资者的资金都是从不同的投资者手里集中起来的期限不同的资金，如果融资者出现了违约现象，就会造成资金链断裂，从而产生信用风险。

此外，有些 P2P 网贷平台信息披露极为不透明，有的通过编造投资项目、虚假债权等来诈骗资金，还有的贷款人在一家平台上发生违约后又去另一家平台贷款。有些融资平台通过虚假的宣传，在市场上进行不正当竞争，以高收益率来吸引投资者，但这类高额年收益大大超出了货币基金有可能达到的平均年收益，最后很可能成为无法兑现的欺诈活动。

二、互联网技术风险

金融与互联网技术结合之后，一些带有互联网特色的技术风险也随之而来，这主要表现在三个方面：

1. 进行互联网金融交易的电脑、移动设备等存在漏洞而带来的风险。
2. 互联网金融平台存在的安全威胁。
3. 互联网金融交易依托的数据传输网络带来的隐患。

互联网技术风险带来的最大问题是信息安全问题。技术的不成熟，会导致信息泄露、丢失、被截取、被篡改，影响到信息的保密性、完整性、可用性。这些信息安全问题进而又会造成用户隐私泄露，威胁用户资金安全。

三、法律风险

近年来，互联网金融异军突起，但由于从业人员良莠不齐、投资者和金融消费者缺乏相应的金融知识、监管乏力等原因，致使许多并非真正的互联网金融服务平台，以"金融创新"的外衣为掩护，进行金融诈骗或者非法集资等活动，严重地影响着互联网金融行业的整体生态。

在诸多法律风险中，涉嫌非法集资是最大也是最容易触犯的法律风险。无论是异化了的 P2P 网络借贷融资还是互联网公众小额集资形式，其运营都缺乏法律依据，现有的制度没有明确其性质而使其处于法律的灰色地带。现实中也出现了许多假借 P2P 网络平台名义而进行非法集资的事件，如"e 租宝"等事件。

除此之外，法律风险还体现在利用互联网金融从事洗钱活动，个人信息泄露，擅自发行公司、企业债券，经营者挪用资金、职务侵占，以非法占有为目的进行虚假融资等方面。

四、政策与监管风险

政策与监管风险来自两个方面。首先，互联网金融的创新业务本身可能违反法律法规；其次，政策与监管的变化可能会使互联网金融创新无法顺利进行。

金融是一个高度专业、高度复杂、充满风险的行业，因此必然会面临政策和监管的约束。对于新兴的互联网金融行业，我国还没有比较完善的政策法规，行业和监管都是摸着石头过河，法律界定模糊，创新项目很容易触碰监管红线，造成不必要的损失。

有些互联网金融平台在业务创新过程中会发生变质，例如演变成非法集资、洗钱等。此外，政策与监管本身会受到很多因素的影响，随着社会经济形势的变化，对创新领域的监管政策可能也会发生变化，从而对创新业务造成阻碍。

五、流动性风险

流动性风险在金融行业是普遍存在的，同时也是金融行业最惧怕的风险，互联网金融公司的流动性风险主要有两种。

(一) 理财资金远大于债权资金

目前已经有一些互联网金融公司显现出这样的问题，投资理财者把钱充值到平台，但是却迟迟买不到理财。打着饥饿营销的幌子的背后，实际上是没有足够的债权进行匹配。这种情况下，且不说这笔资金的利息问题，很可能还会牵扯到法律问题，也就是常说的资金池问题。

(二) 规模和流动性风险成正比

当一家互联网金融公司在一个时间点面临客户批量赎回，也就是所谓"挤兑"风险出现的时候，可能就会遭受灭顶之灾。

六、消费者权益被侵犯风险

对互联网上消费者权益保护不够重视，资金安全和个人信息保护力度不足等同样是我国存在的互联网金融风险之一。互联网金融在开展业务的过程中，交易信息往往通过网络来传输，在这个过程中信息是极有可能被篡改或盗取的，而且交易行为往往是跨区域的，交易的主体不可能到现场去确认交易各方的身份是否合法，那么在监管力度不够和社会信用环境缺乏的条件下，就会发生消费者权益受损的情况。

由于互联网金融法律环境的缺乏和诚信体系的不完善，在交易中违约的成本很低，而且消费者在权益分配上是处在弱势的，如果风险事件发生，消费者将是互联网金融风险的首先承担者。况且，目前互联网金融还没有形成强大的自主性风险防御体系，面临监管缺失的格局，没有最后贷款人保护，如果产品违约，最终还是由消费者自己来买单。

此外，消费者隐私泄露、个人信息买卖等事件频出，二维码支付、快捷支付等无卡支付新技术也存在着风险隐患，这都将影响消费者对互联网金融的信心。

第二节 互联网金融信用风险的影响因素

互联网金融的信用风险是指网络金融交易者在合约到期日未能履行约定契约中的义务而造成经济损失的风险，交易对手即受信人不能履行还本付息的责任而使授信人的预期收益与实际收益发生偏离的可能性。它被视为互联网金融风险的主要类型之一。与传统金融市场相比互联网金融市场是虚拟空间，因此互联网金融更易产生信用风险。

一、互联网金融信用风险影响因素识别

通过对其他学者关于该问题的文献研究与总结得出互联网金融的信用风险受内外部因素复合影响，具体参见表2-1。

表 2-1 互联网金融信用风险因果分析

互联网金融信用风险	内部因素	授信评价对象	难以核实客户真实身份
		信息部门风险防控技术	金融风险防范技术落后
	外部因素	经济因素	国家宏观经济政策
		社会因素	国民受教育程度低，且宣传不到位
		政治法律因素	金融法律体系不完善，金融机构监管力度不够

内部主要影响因素包括授信评价对象和信息部门风险防控技术；外部主要影响因素包括经济因素、政治法律因素与社会因素。在外部环境一定情况下，互联网金融应按照一定的模式进行营运，其金融活动的成果在一定程度上反映出经济、政治、社会的状况。

二、互联网金融信用风险影响因素具体分析

（一）金融机构征信系统

我国目前尚未建立较为完善的金融客户征信系统，客户诚信度难以被金融机构准确把握，经常出现借款客户违约的情况。特别就互联网金融来讲，由于借贷双方仅是通过虚拟网络进行交易，不能进行有效的会面交流，导致借款人恶意骗贷、卷款消失的现象时有发生。

（二）信息部门风险防控技术

由于金融机构信息安全技术水平较低，导致客户信息经常被泄露甚至被篡改，同时不法分子利用木马病毒攻击金融机构网上交易平台，并通过各种钓鱼网站实施金融诈骗等违法行为。这些来自网络的风险都极大地影响金融客户网上交易的信息与财产安全，使得潜在客户对互联网金融业务产生畏惧与抵触心理（ZintaS. Byrne，KylaJ. Dvorak，et al.，2016），从而严重地影响互联网金融业务的顺利开展。

（三）实体经济发展状况

互联网金融发展的基石是实体经济，当实体经济因扩大发展规模而需要

大量资金时，便会加速互联网金融发展步伐，因此互联网金融的创新与发展脱离实体经济也必将走上歧途。当然假若实体经济处于国家整体经济环境恶化阶段而持续走低时，互联网金融也会被影响，导致我国互联网金融系统运营混乱，从而加深互联网金融的信用风险程度（陆岷峰、杨亮，2016）。

（四）社会认知程度

一方面，互联网金融作为传统金融业务新模式，虽然近些年发展迅速，但广大百姓对其认知还远远不够，少数的群众将其仅仅理解为进行金融交易业务较为便捷的网上银行，且可以作为他们快速致富的工具，却没有真正意识到高额收益回报诱惑下隐藏着巨大的风险；另一方面，阳晓伟、魏家富等（2016）认为互联网金融作为一种新兴事物，其本身的操作涉及较高的技术含量，这些对于缺乏必要信息技术与金融知识的广大网民来讲是一种挑战，进而加大了互联网信用风险扩大的概率。

（五）法律制度

纵观我国互联网金融发展的现实法制环境，尚且没有针对互联网金融业专门的立法，同时我国现行的有关互联网金融的法律法规操作性又不强，甚至满足不了目前互联网金融迅速发展的监管要求。赵春兰（2015）指出由于互联网金融机构的性质不能用准确的法律规范加以界定，导致诸多监管部门对互联网金融业务进行管理的乱象出现，反而致使网络资金的监管处于立法真空地带，这也会直接加大互联网金融信用风险。

第三节　互联网金融信用风险的来源

传统金融企业在信用风险方面研究较多，已经形成了比较完善的信用评估体系。虽然互联网的开放性减少了网络中信息的不对称，但这更多的是在需求对接等资源配置上的效率提升，而在识别互联网金融参与双方信用水平上并没有太大作用。同时，由于互联网本身的特点，互联网金融中借贷双方出现违约行为，都会形成互联网金融的信用风险，使其较传统金融行业更难控制。

一、来自资金需求方的信用风险

由于互联网金融虚拟性的特点，交易双方互不见面，只是通过网络发生联系，这使对交易者的身份、交易的真实性验证的难度加大，增大了交易双方在身份确认、信用评价方面的信息不对称。同时，互联网金融发展历程短、进入门槛低，大部分企业缺乏专业的风险管理人员，不具备充分的风险管理能力和资质，加上网络贷款多是无抵押、无质押贷款，从而增大了信用风险。网络金融中的信用风险不仅来自交易方式的虚拟性，还存在社会信用体系的不完善而导致的违约可能性。由于我国的社会信用体系建设处于初级阶段，全国性的征信网络系统也还没有建立起来，加之互联网金融还未纳入央行征信系统，信用中介服务市场规模小，经营分散，而且行业整体水平不高，难以为互联网金融企业风险控制提供保障。

基于上述原因造成的信息不对称，互联网金融中存在一定的道德风险。客户可以更多地利用金融机构与自身信息不对称的优势进行证明信息造假，骗取贷款，或者在多家贷款机构取得贷款的行为。

此外，在经济中存在逆向选择问题，一般而言，有信用且优质的客户大多能从正规的金融机构获得低成本的资金，而那些资金需求难以满足的人群大多都成为互联网金融的主要客户，这部分人或者企业可能存在以下情况：信用存在问题，没有可抵押担保的资产，收入水平低或不稳定。

客户利用其信息不对称优势，通过身份造假、伪造资产和收入证明，从互联网金融企业获取贷款资金，互联网金融平台之间没有实现数据信息的共享，一个客户可能在多个平台进行融资，最后到期无法偿还而产生信用风险。如果违约金额大，涉及的客户数量多，则很可能引起公司倒闭，进而使其余投资者资金被套，无法追回。

二、来自互联网金融企业的信用风险

互联网金融平台经营者可能通过虚假增信和虚假债权等手段骗取投资人的资金，隐瞒资金用途，拆东墙补西墙，最后演变成庞氏骗局，使投资人利益受损。以众筹平台为例，其主要的信用风险就是资金托管，只有取得《支付业务许可证》的非金融机构才能从事支付业务,而众筹平台不具备这样的资格。但在实际操作过程中,投资者将钱拨付到众筹平台的账户中,由平台将资金转到成功募集的项目上,而这个过程没有独立的第三方账户对资金进行托管,一旦平台出现信用问题,投资者就难以追回出资。

另外,任何金融产品都是对信用的风险定价,互联网金融产品如果没有信用担保,该行为风险就可能转嫁到整个社会。互联网金融中,无论是网贷平台还是众筹平台,其发行产品的风险无法由发行主体提供信用担保。如今很多网贷平台都引入担保公司作担保,且不说担保公司的注册资本能支撑多高的担保金额,其担保模式是否合法就存在很大问题,这种形式上的担保并不能减弱互联网金融的信贷风险。

据不完全统计,自 2013 年 10 月到 12 月这短短两个月时间,国内已有近 40 家 P2P 网贷公司因为信用问题出现倒闭、挤兑、逾期提现、跑路等事件。由此可见,互联网金融企业的信用风险是目前行业亟待解决的问题。

三、来自信用信息的风险

大数据最大的价值在商业服务领域,企业通过大数据透视了用户深层次的特征和无法显现的内在需求。互联网金融企业通过数据挖掘与数据分析,获得个人与企业的信用信息,并将其作为信用评级及产品设计、推广的主要依据,这一做法是否侵犯了隐私权及其在中国的合法性也不能确定。

互联网时代,人们在网络上的一切行为都可以被服务方知晓,当用户浏览网页、发微博、逛社交网站、网络购物的时候,所有的一举一动实际上都被系统监测着。所有这些网络服务都会通过对用户信息的洞察获取商业利益,例如,用户在电商网站上浏览了冰箱,相关的冰箱销售广告就会在未来一段时间内推荐给用户;用户在社交网络上提到某种产品或服务,这类型的产品或服务就能主动找到用户。所有这种商业行为本质上就是机构通过对用户隐私的洞察来获取商业收益。

第三章　互联网金融信用风险的形成分析

互联网金融是在新一代信息技术所营造的大数据背景下快速发展起来的金融运作模式，目前中国的互联网金融正处于快速发展阶段，因此科学有效地评估和防控互联网金融发展所带来的信用风险意义重大。

第一节　互联网金融信用风险的表现

信用风险又称违约风险，指交易参与方未能及时履行契约中的约定义务而造成经济损失的风险，即受信人未能履行还本付息的责任而使授信人的实际效益与预期收益发生偏离的可能性。信用风险的产生取决于受信人的还款意愿以及还款能力。互联网金融的信用风险主要源于互联网金融模式中"无抵押、无担保"形式的借贷行为以及交易双方的信息不对称。

互联网金融信用风险的表现是指互联网金融信用风险事件发生时所暴露出来的风险内容。互联网金融的业务种类繁多，因而信用风险的具体表现也多种多样。在互联网投融资业务中，信用风险表现为资金需求方携款潜逃或者挪用投融资款而给资金提供者造成损失。例如在互联网股权众筹融资活动中，筹得资金的一方没有将资金用于其承诺投资的项目上，而是用于个人生活消费，从而给资金提供者造成经济损失，也损害了互联网股权众筹融资中介机构平台的声誉。在互联网借贷业务中，信用风险表现为借款方逾期不偿还借款本金和利息，给借出资金的一方造成资金损失。在互联网消费金融业务中，信用风险表现为消费者不还款。在互联网基金销售业务中，信用风险往往表现为基金管理机构不依约尽责，导致基金投资亏损，或者基金管理者利用基金谋取私利，如建"老鼠仓"，给基金的投资者造成损失。在互联网支付业务中，信用风险表现为第三方支付业务中的一方违约给其他方造成损失。

例如付款人恶意透支后不还款，给开户银行造成损失；收款方收款后不发货，或者是不按照约定的质量和数量发货，给商品买方造成经济损失；收货方收到约定货物后不按期足额支付货款，给商品卖方造成经济损失；第三方支付平台不依约尽责导致资金供应方损失。在互联网保险业务中，信用风险表现为互联网保险中的保险人、投保人、被保险人、受益人、保险代理人、保险经纪人、保险公估人等不讲诚信而给相关方造成损失，例如保险方不依约支付赔偿款而给投保人造成损失。在互联网担保业务中，信用风险表现为保证人违约而给债权人造成损失。在互联网经纪业务中，信用风险表现为中介机构违约而给相关各方造成损失。在互联网信托业务中，信用风险表现为受托方隐瞒真实信息，导致投资者遭受损失。

尽管互联网金融信用风险表现多样化，但有一个共同点，即一方违约而给其交易对手造成损失。因此，我们可以不受互联网金融信用风险具体表现的限制，在更高层面上对互联网金融信用风险形成机理进行一般性分析。

第二节 互联网金融信用风险的特点

互联网金融信用风险与传统金融信用风险相比具有三大特点。

一、信用风险隐蔽性强

传统金融中的交易双方和中介机构一般可在其中一方的经营场所办理业务，当事人之间可以在现场查看对方的实力，因而信用风险有时可以暴露在明处。互联网金融中的当事人各方之间的了解以网络信息为主要依据，而网络信息与真实信息往往存在较大的差异。由于当事人各方通过互联网进行交易，当事人隐藏在互联网的背后，不可能将不利于交易对手的信息发布到互联网，所以信用风险不易被发现。

二、单一平台的信用风险波及面广

传统金融中单一金融机构所拥有的客户数量较少，其中违约的客户也只占较少部分。在互联网金融中，网络借贷债务人和股权众筹投资人及投资基金的投资人以个人为主，虽然单一客户涉及的违约金额较小，但是互联网金融因其具有便利性、高效性和低成本的特点，吸引了为数众多的自然人从事互联网金融业务，其中违约者占的比例有时较大，即单一平台包含的违约者数量相对较多，有可能出现群体违约的现象。来自资金需求者或中介平台违约的信用风险有时会波及一个庞大的资金供应者群体，遭受损失的主体数量较多。

三、对互联网金融信用风险监管的难度较大

金融监管部门对传统金融中的信用风险监管具有长期的、丰富的监管经验，并且传统金融的业务一般在实体金融机构的营业厅办理，信息透明度相对较高，金融业务比较规范，所以监管难度相对较小。互联网金融信用风险的监管难度大于传统金融信用风险，因为互联网金融的当事人之间互不见面，隐藏在网络背后，金融监管机构很难了解到网络背后当事人的真实状况，加之互联网金融业务碎片化特征明显，当事人分布面非常广，且交易频繁，所以网络平台计算的营业总量巨大，监管的成本较高。另外，互联网金融最容易受到黑客攻击和诈骗者的操纵，容易给当事人造成损失，加之互联网金融高度依赖于互联网技术，一旦出现技术故障，后果十分严重。

第三节　互联网金融信用风险的形成条件

互联网金融信用风险要完成从酝酿、累积到信用风险事故发生的演变过程，需要具备一定的条件。其中故意违约与被迫违约所需要的条件有所不同。

一、故意违约型信用风险所需要具备的条件

在债务方故意违约的信用风险中，要完成信用风险从酝酿、累积到事故发生的过程，至少需要具备四项条件。一是债务人的自我约束力丧失，且外部约束力过小，从而其贪欲自由膨胀，一直膨胀到能够左右当事人决策的程

度。如果约束力足以抑制其贪欲，使其贪欲达不到左右当事人决策的程度，则故意违约型的信用风险形成过程不可能完成。二是信息不对称。当互联网金融中当事人一方占有信息优势，另一方处于信息弱势时，占优势的一方会利用这种不对称的信息格局来促成互联网金融信用风险形成过程，给弱势一方造成损失。三是债务方的违约行为能够成功实施。如果违约行为无法实施，则信用风险形成过程就会在酝酿或者累积环节中断。四是债务方从违约到因违约受惩罚间隔的时间比较长，或者存在违约不受惩罚或者惩罚较轻的可能，因为该条件能够使当事人以为存在着违约净收益，从而在趋利避害本能的驱使下选择违约。如果债务方刚实施了故意违约行为就遭到惩罚，并且惩罚对债务方的威慑力足够大，使得当事人产生畏惧心理，则债务人就有可能选择守约。

二、被迫违约型信用风险所需要具备的条件

在债务方被迫违约的信用风险中，至少需要具备两项条件才能完成信用风险从酝酿、累积到事故发生的过程。一是债务方失去了履约能力，例如互联网股权众筹中资金使用者的投资项目失败，没有现金流入，无力按照约定给投资者回报。二是债务方没有能力采取补救措施，例如网络借贷中的借款人自身的经济条件恶化，欲四处举借新债以还旧债，但是无人肯对其提供资金；或者是债务人有一定的自救能力，但是实际损失大于其自救能力。在社会救济机制市场化的条件下，国家一般不承担对经济活动主体的无偿救助，债务人在经营活动中的损失一般也不在社会救助范围之内，社会救助一般只限于解决受灾者的生存问题，而不帮助解决受灾者的债务偿还问题。

第四节 互联网金融信用风险的形成原因

互联网金融信用风险形成的原因可分为内部原因和外部原因。内部原因是指互联网金融活动中当事人自身的原因；外部原因是指除了当事人自身原因以外的其他原因。内外部原因均借助当事人的行为发挥作用。

一、内部原因

互联网金融信用风险形成的内部原因主要是违约净收益较高,当事人的素质存在缺陷。违约净收益较高是互联网金融信用风险形成的关键原因,它直接影响互联网金融当事人的自我约束力,因为当违约净收益足够大时,会对当事人产生极大的诱惑力,严重破坏当事人的自我约束力。如果违约净收益不大,甚至是负值,则构不成对当事人自我约束力的破坏。违约人的素质缺陷一般表现为社会价值判断标准存在偏差,风险管理水平较低,经营能力和融资能力较差。当事人的社会价值判断标准影响其信用认知,进而影响其自我约束力。如果当事人把行为目的与手段统一起来,强调二者都必须体现正义、善良、公平、公正,不以拥有金钱的多寡为成功的标志,而是以对社会的贡献和公众受益程度为价值判断标准,则会考虑自己行为产生的后果,严格约束自己,从而降低互联网金融信用风险事故发生概率。如果当事人认为"只要目的能达到,任何手段皆可用",以拥有金钱的多寡作为衡量成功与否的标准,以贫富论英雄,信奉拜金主义,以少付出多索取为自豪,则互联网金融当事人就会为一己私利而放松对自己的约束,互联网金融信用风险事故发生概率就会加大。当事人的风险管理水平决定了其能否及时获得交易对手的相关信息,能否及时且成功地阻止交易对手的违约行为,能否有效提高对手的违约成本。当事人的经营能力和融资能力决定了当事人的履约能力和自救能力。经营能力差的当事人,经营效益不佳,履约能力(如还款能力)就会趋于弱化;融资能力差的当事人,当信用发生危机时,不能获得应急周转资金,补救措施也无效,自救能力不足,只能被迫违约。

二、外部原因

互联网金融信用风险形成的外部原因主要有信用环境存在污染、金融风险监管存在漏洞、经济周期进入经济下行期等。信用环境对互联网金融信用风险形成的影响主要通过社会信用文化和社会信用体系发挥作用。社会信用文化影响互联网金融当事人的信用观念,进而影响当事人的自我约束力。当"恪守信用光荣、破坏信用可耻"的信用文化深入人心时,互联网金融当事人深处这种文化氛围之中,其对自己的违约冲动会有所约束,贪欲会有所抑制,从而使互联网金融信用风险事故发生的概率降低。当很多人信奉"欠债越多越光荣、守信用是傻瓜、违约是有能力的表现"这样的信用文化时,互联网金融当事人的违约冲动会失去约束,互联网金融信用风险事故发生的概率就比较高。而社会信用体系完善程度影响互联网金融当事人的信用行为取向,进而影响当事人的自我约束力。高度完善的社会信用体系令故意违约者寸步难行,从而迫使其谨慎从事,不得不恪守信用。不完善的社会信用体系会使互联网金融当事人怀有侥幸心理,为追求违约收益而故意违约。假如征信体系尚未覆盖互联网金融,会给互联网金融当事人一种暗示,即违约可能获得额外收益,而完全履约可能不合算。此外,互联网金融信用风险监管的严密程度是影响故意违约型的互联网金融信用风险形成的全部条件。反映互联网金融风险监管严密程度的指标包括监管法规的完善程度、信用奖惩机制的合理程度以及监管的有效程度。互联网金融信用风险监管法规的完善程度表现为互联网金融中的信用行为是否有相应的法规加以规范,法规条款是否公平合理且具有可操作性。信用奖惩机制的合理程度表现为奖惩力度是否适度,奖惩决策是否公平公正,能否引导互联网金融当事人守约而不违约。互联网金融信用风险监管有效程度表现为金融监管有无漏洞,能否及时发现并有效抑制互联网金融中的违约行为,能否使得违约净收益为负值。严密的金融风险监管会使互联网金融当事人感觉无漏洞可钻,违约难度加大,从而会约束互联网金融部分当事人的违约冲动,促使当事人及时完整地披露应该提供的真实信息,使违约行为难以实施,一旦违约必遭惩罚。粗疏的金融风险监管会诱发互联网金融当事人的故意违约冲动,使得当事人毫无顾忌地隐瞒真实信息,且使违约行为成功实施并不受惩罚,轻易获得违约收益。现实中,互联网金融的监督管理职责划分是明确的,例如互联网支付由中央银行监管,网络借贷、互联网信托、互联网消费金融和互联网保险归中国银保监会监管,互联网股权众筹和互联网证券投资基金销售归中国证监会监管。但是,互联网金融监管难度较大,监管并未细化到对互联网金融业务全覆盖的程度。经济周期会影响互联网金融中被迫违约者的履约能力。当经济周期进入萧条阶段时,从事实体经营的互联网金融当事人可能会陷入经济困境,被迫违约。当经济周期进入繁荣阶段时,从事实体经营的互联网金融当事人业绩好转,履约能力增强,被迫违约的概率下降。

第五节 互联网金融信用风险的形成过程

互联网金融信用风险形成过程是指互联网金融信用风险从酝酿、累积到事故发生的全过程。

一、互联网金融信用风险的酝酿

互联网金融信用风险的酝酿分为主观酝酿和客观酝酿两种类型。

主观酝酿是潜在违约者的违约意愿在思想深处形成的过程。从主观酝酿发生的环节考察,主观酝酿可以分为订约前的违约酝酿、订约时的违约酝酿、履约中的违约酝酿、逾合约期的违约酝酿。订约前的违约酝酿是指潜在违约者作为将来的债务人在签订合约之前就已经策划违约方案,意在骗取出资人的信任而顺利筹集到资金,筹资成功后逃避返还资金的履约责任。互联网金融信用风险的隐蔽性对这种潜在违约者具有较强的诱发作用。订约时的违约酝酿是指潜在违约者作为债务人在订立合约之前尚无违约意愿,在订立合约之时却基于互联网金融信用风险监管难度大的特点,误以为自己违约也未必会遭受惩罚,遂萌生违约意愿。履约中的违约酝酿具体又分两种情况:一种情况是潜在违约者作为债务人在收到全部筹资款时,面对数量可观的资金,产生违约意愿。通过互联网金融业务筹措资金相对比较容易,可以在短期内筹集到较多的资金,债务人经不起金钱的诱惑,产生贪占资金的意念。另一种情况是潜在违约者作为债务人在约定的履约期间,在其他互联网金融业务中违约人的示范下逐渐产生故意违约的意愿,这其实是一种"破窗效应"。逾合约期的违约酝酿是指潜在违约者作为债务人在超过约定的到期日才产生违约意愿,此时互联网金融的债权人本人未出现在债务人面前,债务人面对的是电脑、手机等互联网金融载体,没有来自债权人的"情面"压力,因而极易产生违约意愿。从主观酝酿的恶性程度考察,主观酝酿可以分为故意违约酝酿、过失违约酝酿和被迫违约酝酿。故意违约酝酿是互联网金融中的债务人明知自己的违约行为会给交易对手或者第三方造成经济利益损失,却出于一己私利,为了追求违约净收益,在互联网金融的便利性和信用风险的隐蔽性的刺激下，在头脑中产生故意违约的意念，该种意念逐渐发酵、膨胀，最后变成行动。违约净收益是指因违约而获得的收益扣除违约成本后的差额，例如债务人借钱不还，意欲将不属于自己财产的借款占为己有，变成自己的额外所得。如果存在不受惩罚的可能，则违约收益可能等于违约金额，如果可能受惩罚但经判断认为付出的代价可能小于违约金额，则违约收益虽然可能小于违约金额，但仍然有利可赚，债务人就会酝酿故意违约。在故意违约的情况下，债务人可能具有履约能力，但是拒不履约。在故意违约酝酿阶段，若遇强大的外部威慑力量，债务人的违约意愿有可能终止。而过失违约是债务人明知自己的行为可能会给交易对手或者第三方造成经济损失，却轻信会出现避免损失的奇迹，怀有侥幸心理，从而放任自己行为的持续实施。例如互联网股权众筹中的项目管理者明知投资项目的失败风险极大，但是抱着赌博的心理，认为若成功则自己获利，若失败则损失的不是自己的资金，从而冒险实施投资计划，此时，过失违约的意愿实际上已经处在酝酿之中。在过失违约的情况下，债务人可能部分丧失履约能力，也可能完全丧失履约能力。被迫违约是指债务人主观上没有违约意愿，但是因客观原因导致自己的履约能力丧失，想履约却心有余而力不足，无法履行偿还债务的能力，不得不违约。被迫违约的意愿自客观不利事件发生时便开始酝酿。债务人在失去履约能力时，会产生自我原谅的心理倾向，认为自己不是故意违约，而是无力履约，所以心安理得地违反合同约定。被迫违约意愿的酝酿与客观酝酿交叉。

客观酝酿是指导致债务人履约能力下降的客观事件逐渐形成的过程。客观酝酿包括三种情况：一是互联网金融债务人的财务状况逐渐恶化，从而违约的可能性逐渐加大。例如，债务人作为企业，其生产和销售的产品由于竞争加剧而导致市场份额逐渐缩小，由于价格下降而导致利润率下降，由于消费者偏好改变、新的性能更好的商品逐渐受到消费者的青睐，导致债务人提供的商品少有人问津，以上变化使得债务人的还款能力逐渐下降，从而酝酿违约的风险。再如，债务人作为个人，失业、收入下降或者罹患重大疾病的可能性逐渐增大，意味着还款能力有可能下降，从而酝酿违约的信用风险。二是互联网金融的债务人经营场所或者生活场所发生自然灾害事件的可能性逐渐加大，进而可能导致债务人遭受重大经济损失，信用能力严重下降，从而酝酿违约的信用风险。三是互联网金融中债务人的商业关系链条正在酝酿对债务人信用能力发生影响的事件，如网络借贷中的借款人甲是乙的供货方，作为购货方的乙发生某种事件的可能性正在增加，此事件能使得乙方无力向甲方支付所欠货款，进而导致甲方资金链断裂，营业全部或者部分中止，导致债务人无力按期偿还所欠网络借贷中出资方的贷款本息。

二、互联网金融信用风险的累积

互联网金融信用风险的累积是指信用风险发生的可能性逐渐增大、潜在损失的资金规模不断扩大的演化过程。以大学生网络借款为例。大学生在刚刚进入网络借贷领域时比较谨慎，能够将借款金额控制在自己的还款能力范围之内，借款用途局限于必要的支出，以满足临时资金需要为主，如临时垫付学费，待收到父母汇来的学费款项时，再归还借款本息。但是有的学生在熟悉了网络借贷流程后，借款行为会越来越积极，加之对身边高额消费同学的攀比心理，会逐渐加大网络借款金额，借款用途逐渐转向非必要的、大额的消费，例如举办生日宴会、购买高档手机、时装、金首饰等，甚至购买二手车。这样，学生超出自身还款能力的那一部分借款金额会逐渐增大，违约的可能性也随之加大，未来拖欠借款的时间有可能会延长。在借款金额刚超过借款人的还款能力时，借款人可能有不安的心理，也可能会积极想办法偿还借款。当借款金额严重超过借款人的还款能力时，借款人对欠债的心理承受能力逐渐增强，履约意识却逐渐淡化，甚至还会以欠债金额大为自豪，偿还借款的积极性逐渐消失，完全失去对违约的愧疚感。如果提供贷款一方具有很强的风险意识，及早终止向大学生提供贷款的行为，则信用风险累积的时间就会短一些，拖欠金额就会少一些。如果提供贷款的一方认为大学生借款金额越大越好，并且缺乏风险意识，贷款流程不规范，则信用风险累积的时间就比较长，违约金额会比较大。如果借款人周围的人具有很强的守信意识，则借款人会控制自己的借款金额和借款用途，也会想办法控制违约金额和违约时间。有一种现象需要注意，有的放贷人引诱大学生连续、过度地借款，最终使大学生的借款金额严重超过其还款能力，违约成为必然。

三、互联网金融信用风险事故的发生

互联网金融的信用风险事故是指互联网金融中发生的违约事实，由此造成的损失称为信用风险损失。互联网金融信用风险事故发生是指违约人将违约意愿付诸实践，使交易对手产生实际经济损失的过程。

互联网金融信用风险事故发生过程因违约性质不同而存在差异。对于故意违约而言，可以将互联网金融信用风险事故发生过程分为四个前后衔接的阶段。第一是债务人对剩余债务金额和自己的履约能力进行盘点的阶段。当然也不排除少数人对自己欠多少债务心中无数，也不予以关注。第二是债务人对违约后果进行评估的阶段，此阶段将决定债务人是否将违约意愿付诸实践。若债务人得出的评估结论是"有可能安全地获得违约净收益"，则进入第三阶段，即策划违约方案的阶段。违约方案的复杂性因违约金额大小、涉及范围宽窄而不同，有的十分简单，有的则十分复杂。第四是实施违约方案的阶段，违约者在此阶段可能经历一个违约心理承受能力逐渐强化的过程。对于被迫违约而言，可以将互联网金融信用风险事故发生过程分为以下四个阶段：第一阶段是导致违约的触发事件刚刚发生的阶段；第二阶段是债务人对自己的履约能力进行评估，制定应急预案，努力恢复信用能力的阶段；第三阶段是经债务人努力后还是无法全部履行合同，不得不确认违约金额的阶段；第四阶段是债务人将违约情况通知债权人，债权人确定信用风险事故发生的阶段。

第四章　互联网金融信用风险预警模型的构建

经济预警思想最早出现在 19 世纪末 20 世纪初，如法国学者用不同颜色表示各种经济状况的气象式经济研究等。而经济预警思想的正式提出是在 20 世纪 30 年代，西方经济学家在资本主义经历了全面、深刻的经济危机后，开始对资本主义经济产生了警惕，出现了经济预警方面的研究。一般来说，预警具有动态性、先觉性和深刻性，是基于当前和历史的信息，利用各项先行指标的发展趋势，以预测未来的发展状况，定性和定量地判断风险强弱程度，并通知监管部门及决策人员尽可能及时地采取应对措施，以规避风险、减少损失。

第一节　互联网金融信用风险预警概述

信用风险有广义和狭义之分。从狭义上来讲，信用风险通常是指信贷风险；广义上的信用风险是指所有因客户违约（不守信）所引起的风险，如资产业务中借款人不按时还本付息引起的资产质量恶化；负债业务中存款人大量提前取款形成挤兑，加剧支付困难；表外业务中交易对手违约引致或有负债转化为表内负债等。本书研究的互联网金融中的信用风险主要指互联网借贷平台面对的风险，即平台的借款人违约导致平台借出去的钱收不回来，最终给平台投资者带来损失的风险，即狭义的信用风险。

金融风险预警主要是指运用各种反映金融风险警情、警兆、警源及变动趋势的组织形式、指标体系和预测方法等所构成的有机整体对金融风险进行监测的过程。金融风险预警的功能有：

1. 可以随时掌握金融机构动态，并有效评估其风险；

2. 可及早发现金融机构的问题及问题金融机构，并采取适当的监管措施；

3. 为检查重点及检查频率提供参考，以降低监管成本，提高金融监管效率。

互联网金融在很大程度上增加了金融的灵活性，但互联网金融也带来一定的风险，为使互联网金融健康安全发展，必须建立和完善互联网金融的风险预警系统。我国互联网金融创新步伐较快，而起步又相对较晚，其相应的监管措施尚未及时跟进，使得互联网金融的宏微观风险逐渐凸显。为了能更好地控制互联网金融存在的风险，我们必须建立一个以大数据为基础的互联网金融预警系统，从而保证互联网金融健康、安全地发展起来。

一、大数据分类

在互联网金融行业中，大数据贯穿了互联网金融。以第三方支付、P2P平台为代表的互联网金融模式借助于多渠道获取的上千条甚至上万条原始信息数据。目前，可被用于互联网金融风险预警的数据来源主要有六个方面。

（一）电商大数据

淘宝、腾讯、京东等电商拥有稳定、丰富的数据源。以阿里巴巴为例，它已利用丰富数据建立了面向社会的信用服务体系，芝麻信用通过分析自身积累的大量网络交易及行为数据，对用户进行信用评估。这些信用评估能够有效地帮助互联网金融企业对用户的还款能力做出结论，继而为用户提供相关的金融和经济服务。

（二）信用卡大数据

信用卡类网站的大数据同样对互联网金融的风险控制非常有价值。信用卡申请年份、是否通过、授信额度、卡片种类、还款金额、逾期还款次数、对优惠信息的关注等都能作为个人信用评级的参考数据。国内典型代表是2013年推出的信用风险管理平台"信用宝"，结合国外引入的FICO风控模型，从事互联网金融小额信贷业务。

（三）社交网站大数据

社交网站类的大数据是利用社交网络关系数据和朋友之间的相互信任来确定个人信用等级。以美国的 LendingClub 为例，它基于社交平台上的应用搭建借贷双方平台。

（四）小贷网站大数据

小贷网站类的大数据是各网站平台长期积累的信贷数据，包括借贷人基本信息、信贷额度、违约记录等。其中有数据统计的全国小贷平台有上千家，全国性比较知名的有陆金所、红岭等。

（五）第三方支付大数据

第三方支付类数据是基于用户的消费数据做信用分析，每月支付的额度、支付的方向、购买产品品牌等都可作为个人信用评级的参考依据。

（六）生活服务类大数据

生活服务类大数据包括水、电、煤气、有线电视、电话、网络费、物业费交纳等。这些数据真实反映了个人以及家庭基本信息，是信用评级中重要的数据。

二、互联网金融信用风险预警系统

（一）以数据为中心的体系设计原则

在互联网金融信用风险预警系统设计的过程中须遵循以下三点原则：

1. 系统性原则。互联网金融风险预警系统是一个针对互联网金融信用风险进行检测、预测以及预警的系统，是一个复杂的体系，这个体系涵盖了互联网金融行业的全部，所以在建立这个系统的时候应考虑每个参与者的利益。

2. 时效性原则。对于互联网金融行业的数据须及时处理，具有高效性的特点，所以在建立预警系统的时候要注意时限性，确保能够及时地发现风险及不足，这样才能有充足的时间去预防，避免出错，防止造成更大的损失。

3. 准确性原则。在建立该预警系统的过程中要保证数据的准确性才能准确地判断出互联网金融信用风险，避免对金融风险做出错误的估计，造成不必要的损失。

(二) 以数据为中心的系统层级

结合以数据为中心的体系设计原则，预警体系涵盖了数据收集、数据提取、数据分析和数据结果四个环节。互联网金融信用风险预警系统分为四个层级：

1. 数据管理层

互联网金融信用风险预警系统是以数据为基础的，数据作为系统中的核心部分，是整个体系中的关键环节。企业在建立以数据为中心的互联网金融信用风险预警系统过程中，必须健全为企业服务的数据管理机制，建立与企业规模相匹配的数据中心，从而能有效地收集、整理、加工、存储数据，以便其他层级用户的使用。

2. 数据整合层

要从互联网金融的大数据中实现互联网金融信用风险的预警，必须对互联网金融信用风险有透彻的定义和认识。从金融风险的定义出发，确定分析需求，对数据进行重新整合，提取与之对应的分析数据。数据整合是保证分析结果可靠性、准确性必不可少的环节。

3. 数据分析层

数据分析是互联网金融风险预警的实施手段。全面的数据分析系统，应包括现行的指标体系、统计模型，及人工智能方法等功能。

4. 数据结果层

由数据分析层中得到的每一次预警，都须结合企业的经营管理状况、企业外部经济运行环境以及行业背景等进行分析，为企业决策管理者提供更完整的决策依据，从而减少企业为规避风险所产生的损失。

基于大数据的互联网金融信用风险预警系统作为保障互联网金融正常运行的工具，在传统金融互联网化的时代背景下，将会得到快速地发展。

第二节　互联网金融信用风险预警模型概述

2008年由美国次贷危机引发的金融危机席卷全球，这次危机对世界上大多数国家的经济产生了很大的冲击。这次危机的发展速度和波及的范围是惊人的，不仅影响了一些新兴市场国家，还影响了很多发达国家。金融危机发生之前往往表现为金融风险，或者说金融风险如果不加以及时控制，愈演愈烈，最后就会演变为金融危机，在这种情况下，有关金融风险预警方法的研究又一次引起人们的广泛关注。

多元判别分析、FR模型、KLR信号分析模型、STV截面回归模型、Logistic回归模型和神经网络等模型分析方法都是比较常见的风险预警模型。信用风险方面的研究最常用的模型就是Logistic回归模型，是因为Logistic回归模型在变量的协方差以及变量分布的计算方法方面仅仅需要很少的假设分析，并且国外众多学者的研究也证实了该模型的高效性。如今，包括我国在内的众多国家都将Logistic回归模型作为研究中小企业、上市公司以及商业银行风险预警的重要模型之一。我国的诸多学者也运用Logistic回归模型进行了风险预警分析，并且同样证实了该模型的有效性，例如卢永艳（2012）、陈晓兰（2011）等。姚凤阁和隋昕（2016）在其研究中计算借款人信用风险影响程度的因素时，就是运用Logitic回归模型和Probit回归模型对该影响程度进行了有效衡量。朱清香和王莉（2016）采用主成分分析法进行降维处理，在构建40家民营企业平台的预警模型时，同样运用了二元Logistic回归分析方法。FR模型是由Frankel和Rose创立，它使用一定的估计方法估计危机预警模型中因变量的联合概率分布来衡量危机发生的可能性大小。Sachs, Tornell和Velaseo（1996）在他们的研究中也运用了线性回归的方法，对20个新兴市场国家的面板数据进行了分析，这一研究方法也叫作STV截面回归模型。Lin和Khan等（2008）在研究货币危机问题时就是利用将模糊推理模型和神经网络模型相结合的混合研究模型进行分析，该混合模型具有神经网络的自适应学习能力和模糊逻辑推理机制。赵囡和赵哲耘（2018）利用BP神经网络与主成分分析方法结合起来建立了互联网金融公司的信用风险预警模型，将互联网金融公司作为研究主体进行分析。

Lizondo，Kaminsky，Reinhart（1998）在研究货币危机的影响因素时就运用了预测商业周期转折点的信号，创立了信号分析法模型即 KLP 模型。1999 年，Kaminsky 又将银行危机也考虑在内，进一步完善了 KLR 模型，这也使之成为经济学界最重要的危机预警模型之一。KLR 模型是采用月度或季度数据的信号分析模型，主要预测特征为：利用历史数据合成先行指标，选择指标涉及范围广，能够兼顾评价对象的各个方面，当超过阈值即临界值时，即为危机。20 世纪 70 年代初美国运筹学家萨蒂提出了一种层次权重决策分析法，即层次分析法。张亦婷（2017）等人进行预警模型的具体建立时，是通过结合有关历史数据以及调查问卷的方式，建立起对借款人的个人信用评分体系。陈建华（2016）在大数据分析的基础上，分析了互联网金融数据的特点，并对大数据进行了系统层次划分的处理，建立了基于大数据分析的互联网金融风险预警系统。赵焕军（2016）提出了基于群体决策的商业银行风险预警方法——灰色理论。该模型对传统的商业银行风险预警系统进行了改进和完善，能够尽早识别和预警风险，并采取有效措施及时防范和化解风险。赵昕（2016）结合 P2P 行业的实际情况，指出了一个用于互联网金融系统性风险度量的模型，该模型与综合指标法相结合，并且运用压力测试法，构造指标体系，全面检查 P2P 网络信用行业系统性风险的影响因素，并分别根据不同的宏观因素需要考虑在不同压力下 P2P 行业系统的稳定性，对互联网金融系统性风险管理具有重要的理论意义和实践价值。

结构方程模型是基于变量的协方差矩阵来分析变量之间关系的一种统计方法，是多元数据分析的重要工具。很多教育、心理、社会等概念，均难以直接准确测量，这种变量称为潜变量（latent variable），如学习动机、智力、家庭社会经济地位等等。因此只能用一些外显指标（observable indicators），去间接测量这些潜变量。结构方程模型不仅能有效地解决传统的统计方法无法有效处理这些潜变量的弊端，而且还能对这些指标进行有效的处理。研究这些数据时需要假设自变量是没有误差的，而传统的线性回归分析却容许因变量存在测量误差。

多时段设计、单行模型及多组比较、高阶因子分析、验证性因子分析、路径及因果分析等通常都会用结构方程作为模型。例如 EQS，LISREL，MPlus，Amos 等都是结构方程模型常用的分析软件。测量模型和结构模型是组成结构方程模型的两大部分。测量模型是指指标和潜变量之间的关系。结构模型是指潜变量之间的关系。

结构方程具备以下五个特征：第一，由于可以同时处理多个因变量，因此结构方程可以同时处理和分析多个因变量。在回归分析或路径分析中，即使统计结果图表中显示了多个因变量，在计算回归系数或路径系数时，每个因变量都需要一个一个计算。因此，图表看上去是同时考虑了多个因变量，但在对某一个因变量的影响或关系进行计算时，都忽略了其他因变量的存在及其影响。第二，容许自变量和因变量含例如态度、行为等变量在内的测量误差。变量经常含有误差，因此不能简单地用单一指标测量。结构方程分析允许自变量和因变量均含测量误差，变量也可以通过多个指标测量。传统方法计算的潜变量与运用结构方程分析计算的潜变量之间的相关系数或许存在较大差异。第三，同时估计因子结构和因子关系。要想了解潜变量之间的关联程度，每个潜变量可以用多个指标或题目测量，一个常见的方法是对每一个潜变量首先用因子分析计算潜变量（即因子）与题目的关系（即因子负荷），从而将得到的因子得分作为潜变量的观测值，接着进一步对因子得分进行计算，将其作为潜变量之间的相关系数。这两个步骤是相互独立的。在结构方程中，这两个步骤是同时进行的，即同时考虑因子与题目之间的关系和因子与因子之间的关系。第四，允许更大灵活性的度量模型。传统上，只允许每个主题（索引）属于一个单独的因素，但结构方程分析允许更复杂的模型。举例来说，我们用英语写的数学考试来衡量学生的数学能力，考试分数（指标）既属于数学因素，也属于英语因素（因为分数也反映了英语能力）。传统因子分析处理一个指标从属多个因子或者考虑高阶因子等有比较复杂的从属关系的模型是非常困难的。第五，估算整个模型的拟合程度。在传统路径分析中，只能估计每一路径（变量间关系）的强弱。然而在结构方程分析中，除了上述参数的估计外，还可以对不同模型对同一个样本数据的整体拟合程度进行分析，从而判断出哪一个模型更接近。

第三节　互联网金融信用风险预警指标体系构建

本书利用结构方程模型中的 MIMIC 模型建立我国的金融风险预警系统，并进行实证研究。MIMIC 模型全称为多指标多因素 (multiple indicator multiple cause)模型,是结构方程模型的一种特殊形式。这一模型有两个特点,一个是模型中的内生变量可以不止一个,另一个是该模型可以计算出不可观测变量即潜在变量的值。

日新月异的互联网技术正深刻地改变着人们的生活:人们从传统的实体店购物转向互联网购物,从与银行柜员面对面的金融业务往来转向个人网上银行的金融服务,从顾客与商家现金的直接支付转向第三方支付等,这些变化促使了互联网金融的诞生和发展。在信息化浪潮伴随着大数据、云计算等新技术不断涌现的今天,互联网金融对社会和个人都产生了不可忽视的影响。

互联网金融有着很多传统金融无可比拟的优势:降低了交易成本,拓宽了地理交易范围,突破了传统银行存款利息的限制,提高了存取资金交易的灵活性,释放了民众的投资热情。然而,互联网金融更大的意义在于通过互联网技术对传统金融行业的商业运作模式进行重新整合,使大量游离于银行体系之外的人群能够以一种更为个性化与人性化的方式参与到金融行业的服务中。最有代表性的例子无疑是阿里巴巴推出的"余额宝"互联网金融理财产品。"余额宝"的成功使得互联网金融开始走进千家万户,逐渐被民众所熟知,中国也开始走进"全民理财"的时代。

互联网金融不仅是传统意义上金融技术的升级和更新,更重要的是参与方式的改变。"人"是互联网金融服务的核心,只有人人参与的互联网金融才能创造更大的价值,为更多的民众服务。因此,研究参与主体"人"的行为模式对于互联网金融的意义就显得尤为重要和迫切了。

就普通民众而言,对互联网金融的认知一般是通过互联网金融进行个人理财,在短期内获得一定数额利息的收益。互联网金融理财行为属于社会学领域的范畴,其行为过程受到很多无法准确测量的潜在变量影响,如态度、主观规范、知觉行为控制等因素。若采用传统回归分析方法,必须对其进行多次的回归分析,不仅过程复杂,且容易产生统计概率决策错误膨胀,难以对这些潜在变量的相关关系进行精确测量,而结构方程模型则为解决这类问题提供了很好的分析工具。结构方程模型通过同时估计一系列方程式,避免造成概率膨胀问题。互联网金融机构通过该模型可以更准确地定位普通民众的理财心理,深入了解民众对于互联网金融理财的影响,从而为金融机构的战略规划提供决策参考。从这个角度来说,本书具有理论与实践的双重意义。

通过查阅国内外的研究文献,可以看出,学者们从不同角度对互联网金融以及互联网理财产品风险等方面进行了大量的研究,在很大程度上为互联网理财产品的继承性研究奠定了理论基础。同时,通过回顾众多学者对互联网金融的相关研究,不难得出当前关于互联网金融方面的研究俨然已成为金融领域的热点和焦点课题之一。然而通过对国内外文献的阅读和梳理,发现目前国内外学者对互联网金融的研究比较侧重于经营模式分类、对商业银行的影响、存在的风险及监管等方面的研究,其中关于风险方面的研究主要是定性理论研究。而在对风险评估的相关研究中,多以互联网金融整个行业为主体对象,以互联网理财产品单一种类为研究对象的研究却少有涉足。总之,对互联网理财产品的风险预警与管控机制研究是比较缺乏的,特别是在信用风险预警方面。

一、互联网金融风险指标分析

所谓互联网金融风险是指金融与互联网在相互渗透的过程中,金融业务所面临的各种风险的总称。它提供了一种与过去有所不同的创新型金融产品,正因如此,除了面临传统商业银行存在的违约风险、流动性风险、利率风险外,还面临着以往所没有的法律、操作系统、技术等方面的特殊风险。杨虎、易丹辉等(2014)认为通过运用大数据管理工具和分析方法,可以提前注意到潜在的互联网金融风险,并为互联网金融企业提供相关管控依据,降低风险发生率,预防风险的发生。毫无疑问,这对互联网金融企业的健康、可持续发展有着极大的积极意义。同时,文中还阐述了运用用户操作行为数据及文本、用户、交易数据等数据指标来构建合理的互联网金融预警体系,相信在数据基础上建立的预警体系会更加可靠且具有更高的参考价值。徐庆炜(2014)指出现有的《保险法》《银行法》等法律都是基于传统的金融机构设立的。然而互联网虽具有较强的灵活性,但缺乏金融方面的严谨性、审慎性,使得现行的法律无法很好地适应互联网灵活性强的特点,最终导致监管产生漏洞,从而抑制互联网金融的发展。李东卫(2014)认为互联网金融的风险包括法律风险,也就是没有可以为之参考的法律框架和相关的法律界定,如果出现了法律上的纠纷,难以有效保护双方的权利;监管风险又被分为准入、经营和退出三个方面;信息风险主要体现在大数据时代对用户信息数据的收集,而收集的数据如果发生泄漏,广大用户将会面临隐私数据被不法分子违规利用的风险；资金风险包括资金的安全问题和非法集资问题，如洗钱等不法行为。李丹（2014）将互联网金融风险划分为互联网风险和金融风险两方面。同时认为传统金融业中常见的风险类别仍然存在于互联网金融领域，但互联网的高虚拟、高速度性也带来了额外的数据获取等方面的风险。数据是建立分析模型的基础，客户所产生的数据数不胜数，数据的有效性、准确性，都需要反复的追踪和验证才能得出；技术缺陷风险一般是指那些执行中产生偏差引起成本控制错配等问题所带来的风险；互联网金融具有互联网追求速度的属性特征，在金融业，极小的差错都可能带来巨大的损失，因此要综合考虑速度与质量问题，避免因速度过快导致质量下降，进而产生不可弥补的系统性风险；众多风险中，网络安全风险最应重点防范，而这种风险主要由账户信息泄露造成，通过加强账户所有者的隐私保护可以有效防范此类风险。熊欢彦（2014）通过研究分析将互联网金融风险分为市场选择风险、技术风险、操作风险，以及法律风险。李敏（2007）认为第三方支付面临着流动性风险、市场风险、政策性风险、法律风险、信用风险，而风险主要来源于监管的空白和信用的模糊。艾金娣（2012）认为监管措施的空白正是由于平台准入条件不明确造成的。再有就是信用风险明显，由于经营业务为借贷款，需要考察借款人的信用状况从而进行差别定价。网络理财风险则是要严防那些由于期限错配所导致的流动性风险。彭颖、张友棠（2016）从风险预警管理角度出发，基于云金融视阈，认为互联网金融企业面临的风险为政策法律风险、技术风险、商业风险。其中，政策法律风险可细化到国家、行业和机构层面。商业风险可细分为市场风险、信誉风险和操作风险。技术风险又可细分为技术选择风险和安全风险。其中利率风险（贷款利率、银行间市场同业拆借月加权平均利率、准备金率、存款利率）、流动性指标（流动性缺口率、流动性比率、资本收益率）、安全性指标（逾期贷款率、不良贷款率）是市场风险的主要指标。熊欢彦、刘剑桥（2014）认为，互联网金融结合了互联网技术与金融两方面的内容，使得互联网金融的存在极大地扩展了传统金融的业务范围，降低了金融成本，提升了业务处理速度。但它也存在着不可忽视的金融风险，主要体现于：业务风险（法律风险、操作风险、市场选择风险）、技术风险（系统性的安全风险、技术支持风险、技术选择风险）。姚国章等（2015）详细识别了互联网金融风险后，将其分为操作不规范引起的操作风险、技术研发和安全问题引起的技术风险、违约和欺诈问题引发的信用风险、运营风险（具体包括期限错配引发的风险、资金平衡引发的风险、关联性引发的风险、利益协调体制不完善的风险、流动引发的风险、市场选择引发的风险）、法律监管风险（具体包括监管不到位引发的风险、法律法规不完善引发的风险、主体资格合法方面的风险、洗钱套现方面的风险）以及其他风险（如道德风险、认知类风险、舆论风险）。鄂奕洲（2016）将互联网金融风险分为系统性和非系统性风险。系统性风险又被分为宏观环境与政策维度产生的风险（宏观环境、行业系统、货币政策风险）和信息技术维度风险产生的风险（技术安全、技术支持风险）两种；另一方面又将非系统风险分为操作运营维度产生的风险（法律合规、业务流程、具体操作风险）和参与主体维度产生的风险（战略、信用及声誉风险）。童心雨（2017）指出同传统意义上的金融活动比较来看，互联网金融在搜集、整理与保存各类客户信息、产品以及客户交易信息等方面表现得更好，且能更全面地储存客户在网络中进行产品交易、服务所产生的各类数据信息。因此基于大数据视角下的用户数据、交易数据、文本数据成了衡量互联网金融风险的重要指标。可见，互联网金融风险较传统金融的风险还是有所改变的。首先就是种类的增加，增加了由互联网操作技术产生的技术风险；其次是各类风险的权重发生了改变，传统金融活动中的主要风险是信用风险，而在互联网金融中，尽管信用风险较大，但操作风险却更加不可小觑。正因互联网金融风险存在着高传染性、虚拟性、跨界性的特征，我们才更加需要辨别风险的各种类型，建立更为全面有效的防控体系，严防系统性风险的发生。

二、互联网金融信用风险指标分析

通过对互联网金融风险相关文献的研究梳理发现，互联网金融中最关键、最主要的风险就是信用风险。当金融行业在做相关决策时，信用风险是其考虑的重要因素。一旦互联网公司出现了违约，相关投资者就难以获得预期收益，从而就会对整个行业的发展产生不利影响。

张弘（2016）对信用性风险进行评估时，就是采用了以公司资产价值的波动率以及公司资产预期增长率为基础，并且通过计算资产和负债的关系以及评估公司违约性的方法。相关指标为公司的股权价值、债务价值、资产价值、违约距离和预期违约概率。车家翠（2016）在衡量信用风险时，将互联网金融企业的盈利能力、偿债能力、经营能力以及发展能力作为衡量指标来权衡。主要衡量指标包含的内容有：①盈利能力：净资产收益率、净利润增长率；②偿债能力：或有负债、净资产、资产负债率、流动比率；③经营能力：纳税情况、销售增长率、应收账款周转天数；④发展能力：主营利润增长率、主营业务增长率；⑤现金流量：现金流动负债比率、盈余现金保障倍数。孙小丽、彭龙（2013）在研究中提出，风险评估中的关键性数据指标主要有测算违约距离 DD 和 EDF、负债、公司股权价值、资产价值波动性、无风险利率以及资产价值。李宇（2016）以借款人信用等级状况、借款金额大小、借款人债务/收入比，借款利率和当期逾期金额来衡量企业借款人的信用状况；以个人房贷数量、个人信用卡数量、违约次数等定性指标来衡量个人借款人的信用情况；以借款平台的品牌、分散度、人气、成交量、透明度、营收、流动性、杠杆、安全性、收益性、偿兑性、成长性、营运性、背景实力、运营能力、风险控制、信息披露、社会责任等来衡量平台自身的信用风险。钟凡（2014）提出，借款者的硬信息作为传统借贷业务的主要依据，主要包括企业的资产负债率、借款者的信用层级、学历、年龄等个人基本信息为主的硬信息，还包括借款者的社会关系，例如借款者的亲朋好友以及常用的社交软件等软信息；逾期客户风险程度的指标为逾期天数及逾期金额、逾期账户占比和迁徙率、贷款组合中逾期客户的构成情况及客户还款情况等作为信用风险的测量指标。彭承亮（2016）提出，借款人的信用风险是金融平台应该关注的问题之一，例如借款人的还款能力、资金运用情况以及道德品质等等。其中衡量借款人的道德品质的指标有：历史信用状况，如在平台历史发布借款次数、成功借款次数、逾期次数、纳税情况、信用卡还款记录等；其他可考量的指标，如学历、年龄、性别、婚姻状况等。衡量借款人的还款能力的指标有：当前收入状况，如个人的工作收入、企业的历年净利润等；当前具有的资产：如个人的房产、车辆，企业的应收账款、固定资产等；未来的预期现金流：如个人所从事的行业以及工作能力，企业的经营状况，行业前景等；借款人的资金运用：个人用于应急、投资（关注投资领域的风险）、购买奢侈品等，企业用于扩大生产经营、解决债务危机、投资（关注投资领域的风险）等。王莹（2016）研究表明信用风险主要体现在四个方面：①风险控制：前十大借款人待还金额占比、第三方征信、前十大投资人待收金额占比、平均借款周期、人均投资金额、IT 系统支持、保障模式、人均借款金额；②平台背景：Alexa 排名、所有制背景、管理团队、注册资本、运营时间、风投入股、注册城市；③信息透明：借款项目叙述、借款人信息、借款人信用评级公布、平台证照；④运营能力：平均利率、借款人数、投资人数、借款标数、时间加权成交量、月成交量、未来30日资金净流入。仇晓霞（2015）将网络借贷平台信用评级定性指标分为两级，分别为：一级指标：经营环境；二级指标：经济环境、行业竞争、政策措施、公司地位。一级指标：基础实力；二级指标：平台实力、资金实力。一级指标：内部控制机制；二级指标：技术实力、风险控制、资金托管。一级指标：信息披露；二级指标：理财端、公众端。一级指标：用户体验；二级指标：客服服务、资金流动性、投资便捷性。一级指标：遵纪守法；二级指标：PZP 网络借贷平台行为合规、监管条例贯彻。张亦婷、罗婧钰等（2017）将信用风险指标分为，个体情况中的个人收入、平均月消费额、消费结构、家庭年收入、资产结构（流动资金比重）、受教育程度、未还贷款金额、待还款期限、还款成功率。还款方式、利率和贷款金额是项目情况中包含的三项指标。

三、互联网金融信用风险预警指标的选用

本书通过对有关互联网金融风险文献的梳理，特别是对信用风险预警指标的分析，发现大部分都是通过定性分析来识别互联网金融信用风险的，在定量方面的分析比较匮乏。本书拟通过构建互联网金融信用风险结构方程预警模型，定量分析信用风险的成因及控制，弥补定量分析的不足。

（一）指标选取原则

为了确保所选取的指标能够准确、科学并且全面地反映出互联网金融风险的基本情况，在选取预警指标时，主要依据如下几个原则进行：

1. 所选取的指标应该是全面的。作为新生事物，就其特点而言，互联网金融既有互联网的属性，也有金融的属性。所以，本书在研究中，不仅考虑到微观与宏观影响因素，而且在此基础上设置一定的指标全面反映互联网金融潜在的信用风险，通过制定监管体系，为研究与互联网金融有关的发展模式的预警提供一定的参考。

2. 所选取的指标应该是重要的。根据信用风险的主要特征，设置不同的

信用风险指标，这些指标对金融所产生的影响或者作用也是不同的。因此，在选取指标时，应该注重指标的经济意义，保证该指标具有十分重要的作用，能够从根本上影响互联网金融的发展与运营，并能够为该行业的发展提供方向。

3. 所选取的指标应该是灵敏的。在传统金融的基础上，通过结合互联网最终形成互联网金融，这就使得其不可避免地存在金融属性。和传统金融类似，在研究互联网金融信用风险预警时应该十分注重它的准确性以及实效性。同时，由于互联网发展速度非常快，存在一定的监管缺陷，监管不到位的风险会快速变化。所以，为了避免出现问题，需要十分注重选取指标的灵敏性特征。

4. 所选取的指标应该是可操作的。互联网金融作为新金融模式，发展时间短、速度快、涉众广，还没有与之相对应的完善的监管体系，相应的征信系统也需要进一步完善。因此，在选取数据和指标时难度较大，为了更好地研究互联网金融风险预警问题，本书选取的可量化的指标及可模糊综合评价的定性指标，具有较强的可操作性以及可控性。

5. 所选取的指标应该是动态连续的。选择互联网金融信用风险的相关指标，主要是为了评估信用风险的客观情况以及建立与之对应的预警机制，促进互联网金融行业健康持续发展。因此，在选取指标时，应该注重这些指标的连续性，同时能够全面反映经济金融的发展变化情况，这就对指标的动态性提出一定的要求。

（二）指标体系建立

根据对相关文献的梳理，发现互联网金融的信用风险主要来自三个方面，即国家方面、平台方面和借款人方面，如表4-1所示。

国家方面为宏观经济层面指标，宏观经济金融环境的稳健是互联网金融行业健康发展的基本保障。而在互联网金融行业飞速发展的同时，国内对其相应的政策还不明确、配套的法律法规还不完善、监管层的职责仍不清晰。基于这些问题的存在，加上目前我国经济金融体制处于深化改革和创新之中，互联网金融机构对经济政策、法律法规的出台和实施具有高度的敏感性，因为这一指标很可能直接决定理财产品的存亡，从这角度来看，宏观经济层面指标风险相对其他指标来讲，更具有前瞻预警作用。

表 4-1　互联网金融的信用风险指标体系

信用风险指标体系	国家监管方面	法律监管
		政策监管
		惩罚程度
	平台自身状况	平台规模
		信用评级标准
		信用评级内容涉及范围
		信用审核程序完善程度
		是否有第三方担保机构
		信息技术安全
		信息披露程度
		借款利率
		平台坏账率
		借款违约率
		不良资产率
	借款人信用（个人）	收入
		职业
		学历
		违约史
	借款人信用（企业）	资金用途
		违约史
		所处行业
		盈利能力
		发展前景

基于以上分析，结合国内外相关研究文献，本书构建的互联网金融信用风险预警指标体系中的宏观经济层面指标涵盖法律监管、政策监管及惩罚程度三个方面。

互联网金融平台方面：互联网理财产品作为一种新型业态，行业准入门槛低，行业内企业发展良莠不齐，这种新业态的不规范发展，使得行业自身必然蕴藏着风险。基于以上分析，平台自身信用风险主要与其平台规模、风险控制、信息披露和信息技术安全有关。

借款人方面：借款人分为个人借款人和企业借款人。通过查阅大量文献发现，个人借款人的信用好坏主要是由其职业、收入及学历决定，但同时个人的借款违约历史也是说明其信用好坏的主要指标；企业借款人的信用大多与其所处行业、盈利能力、资金用途和发展前景有关，且其之前是否存在借款违约现象也体现着企业借款人的信用高低。

第四节　互联网金融信用风险预警模型的应用

互联网金融凭借网络化、虚拟化、便捷化和开放性的优势，一定程度上颠覆了传统金融体系的业务运作模式，实现了模式创新，突破了行业、地域和时间的限制，并能够提供个性化和人性化的服务。但互联网金融体系在不断扩张的同时很可能会形成复杂的网络结构（特别是无标度网络），而按照建立的多种群侵入模型，此时很可能导致"违约行为"大范围扩散的风险。互联网金融信用风险不仅会使投资者失去投资信心，还会损害到投资者和信贷平台的利益。一些互联网金融企业能否历经经济周期和行业变迁的考验，还不得而知。目前，学术界有关互联网金融中的信用风险预警、防范方面的研究，和互联网金融的业务发展一样，也处在初级阶段。作为一种产业融合的金融创新，互联网金融如何实现健康、有序的发展，是监管部门需要着力研究的关键。因此，加强对互联网金融信用风险的分析，防范可能出现的危机，已成为其稳健发展的重中之重。

一、MIMIC 模型

结构方程模型也被称为潜在变量模型（latent variable model，简称 LVM），是 20 世纪 70 年代由统计学家 Karl G. Jo resko 提出的，被称为近年来统计学的三大发展之一。结构方程模型在心理学和社会学中得到广泛的应用，而近几年这一模型也被运用于管理学和经济学的研究中。结构方程模型的优势就在于可以利用一些可观测变量来为那些不可观测的变量打分，MIM-

IC 模型就是结构方程模型的一种特殊形式。

MIMIC 模型是由 Goldberger 引入经济学研究的，Gertler 对此模型进行了很好的扩展并得到理想的实证结果。按照 Gertler 的定义，MIMIC 模型可以用下式表示：

$$y_{i,j} = \beta_j \xi_i + v_{i,j}$$
$$\xi_i = \gamma_k x_{i,k} + \zeta_i$$

式中：$y_{i,j}$ 为 i 时第 j 个内生变量的观测值；$x_{i,k}$ 为 i 时第 k 个外生变量的观测值；ξ_i 为 i 时潜在变量的得分，在本书中这一指标可以描述为危机的强度；β 和 γ 为系数向量；v 和 ζ 为误差项。将 $\xi_i = \gamma_k x_{i,k} + \xi_i$ 代入 $y_{i,j} = \beta_j \xi_i + v_{i,j}$ 可得

$$Y = \Pi' X + \varepsilon$$

式中：$\varepsilon = \beta \xi + v, \Pi = \gamma \beta'$。假设 v 和 ξ 都服从正态分布且相互独立，即

$$E(\xi) = E(v_j) = 0, E(\xi^2) = \sigma^2, E(w') = \Theta^2$$

则有

$$E(\varepsilon \varepsilon') = E[(\beta \xi + v)(\beta \xi + v)'] = \sigma^2 \beta \beta' + \Theta^2$$

MIMIC 模型的求解思路是，设 $E(\varepsilon \varepsilon') = E[(\beta \xi + v)(\beta \xi + v)'] = \sigma^2 \beta \beta' + \Theta^2$ 为含有未知参数的协方差矩阵 $\Sigma(\theta)$，这一总体协方差矩阵可以用样本协方差矩阵 Σ 代替，即使 $\Sigma(\theta) = \Sigma$，从而可以求得未知参数，再代入 $\xi_i = \gamma_k x_{i,k} + \xi_i$ 中即可求得潜在变量的得分。

关于变量的选择，一些现有的研究表明，建立 MIMIC 模型的前提是对可测变量的恰当选择，即内生变量和外生变量的选择。Thomas 指出使用 MIMIC 模型的唯一约束在于可测变量的选择，可测变量的选择是否科学是该模型能否有效的关键。

二、基于 Credit Risk＋模型的互联网金融信用风险研究

（一）模型的使用情况

互联网金融信用体系是金融信用和企业商业信用的有效融合，健全的体系将会提升社会资源配置效率（谢清河，2013）。下面从互联网金融信用风险与 Credit Risk＋模型发展与运用情况进行文献分析。孙小丽（2013）把 KMV

模型应用于对企业信用风险的评估，证明了模型的可行性。柳树和钟洁（2014）通过构建互联网金融模型，利用基于蒙特·卡罗模拟生成的大数据进行了实验，结果表明，模拟实例的风险性存在差异，通过互联网金融风险模型化，具有极强的抗风险性。

CSFB 的 Credit Risk＋模型是一种典型的违约模型，本节将借助 Credit Risk＋模型对互联网金融信用风险进行研究。Credit Risk＋模型（1997）是由 Credit Suisse First Boston Bank（CSFB）推出的信用风险度量模型。CSFB 模型假设不存在市场风险，违约被看作是相互独立的连续变量，用泊松分布模拟违约事件分布，通过频带划分和相关递推式，得出贷款组合非预期损失。此后，Crouhy（2000）、梁世栋等（2002）分别从不同角度将该模型与其他模型进行了比较。朱小宗（2006）、曹道胜（2006）对模型在中国的适用性进行分析，得出了不一致的结论。Gordy（2002）、蔡风景（2004）、汪飞星等（2013）使用不同方法刻画了模型中违约损失的变化。但吕志华等（2011）认为模型用泊松分布模拟违约事件分布可能会导致贷款组合风险水平被高估。学术界还对模型中行业风险因子彼此独立的假设进行了修正。比如 Giese（2003）通过在 CSFB 模型中引入新的随机变量以影响行业风险因子的形参数，使之不再相互独立，提出了复合伽玛 Credit Risk＋模型。接着，Iyer 等（2005）提出两阶段 Credit Risk＋模型，模型最大特点是引入系统风险因子。该模型的缺陷是忽视了行业风险因子内在特性，可能会使结果出现较大误差。彭建刚等（2009）对以往的模型进行了系统总结，认为这些模型都没能很好地解决行业风险因子间的相关性问题，在以往模型基础上，提出了多元系统风险 Credit Risk＋模型。

通过文献梳理可看出，理论界对互联网金融信用风险的研究主要在定性方面，定量分析还较少，基于行业的信贷风险评估的研究基本没有。并且，Credit Risk＋模型从提出之初，一直被用于商业银行的信贷风险估量上，模型本身在研究中也不断演变被完善。那么，中国目前互联网金融信贷信用风险程度到底如何？Credit Risk＋模型是否同样也适用于互联网金融的信用风险评估？不同类型模型的评估效果怎样？这些问题都需要进一步地研究。

(二) 研究框架设计

1. 风险度量的 VaR 方法

在金融体系中,风险无处不在。风险度量的模型化,实质上是把一个代表风险的随机变量,转化为一个实际值的过程,选择合适的度量函数是其核心问题。一般这一过程可刻画为:$r = \rho(X)$,X 表示随机损失,r 为风险度量值。标准差、方差、VaR 等都是常见的风险度量方法。其中 VaR 方法求得的是在一定置信水平下的最大可能损失。在此过程中,假设风险的累积分布函数为 $F(x)$,可把 VaR (a) 表述成 Prob $\{X \leqslant \text{VaR}(a)\} = a$ 或 VaR (a) = Min $\{x \mid F(x) \geqslant a\}$。

2. CSFB Credit Risk+模型

CSFB Credit Risk+模型由瑞士波士顿第一银行(Credit Suisse Financial Product,CSFP)于 1998 年提出,是 Credit Risk+模型体系的"原始版本",其后的所有系列 Credit Risk+模型都是对该模型的改进。CSFB 模型主要用于评估每个期末金融机构所承受的信用风险,该模型又称为两状态模型,因其考虑的是违约(损失发生)或非违约两种情形。Credit Risk+模型把整个过程分为两个阶段来计算,推导出信贷组合的违约损失分布,进而实施风险管理,这个过程涉及三个模块,具体如图 4-1 所示。

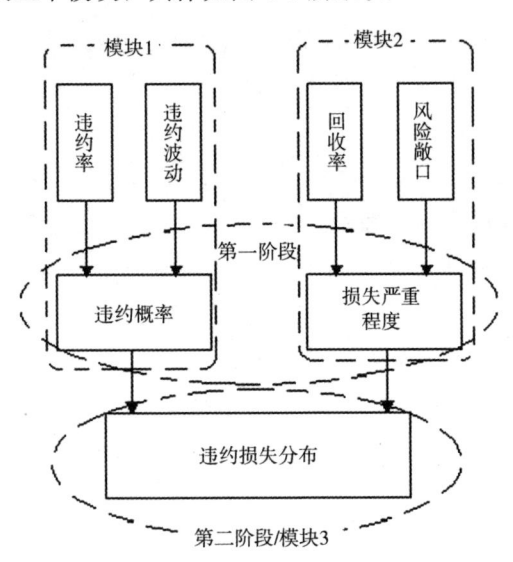

图 4-1 Credit Risk+模型分析框架

从图 4-1 可以看出，第一阶段包括违约的频率和损失的程度，其中前者涉及信贷的违约率和违约率的波动性，信贷的违约率和违约率的波动性与信用评级对应的违约率有关（辛欣，2007）。后者涉及暴露和回收率。由第一阶段的内容进而确定违约损失的概率分布。下面介绍模型的主要设定。

CSFB 模型假设期间内违约是随机行为，概率不变，贷款组合中每笔贷款违约概率很小（张丽寒，2008）。违约是一个有着一定概率分布的连续变量（辛欣，2007）。行业风险因子 $\gamma = (\gamma_i, \gamma_2, \Lambda, \gamma_k)$ 相互独立，服从均值为 1、方差为 σ_{2k} 的伽玛分布，α_k 和 β_k 为形参数和规模参数。受其影响，假设债务人为 A，其无条件违约概率为 P_A，则其违约概率即为：$P_A \sum_{k=1}^{K} g_k^A \gamma_k$，其中，$\sum_{k=1}^{K} g_k^A = 1, 2, \cdots, K$。进一步地，得到该债务人违约概率生成函数：

$$G_A(Z \mid \gamma) = 1 - P_A(\gamma) + P_A(\gamma) Z^{V_A} = 1 + P_A(\gamma)(Z^{V_A} - 1) \approx e^{F_A(\gamma)(Z^{V_A}-1)}$$

考虑到不同债务人条件独立，违约事件相互独立，则得到贷款组合的概率生成函数：

$$G(Z \mid \gamma) = \prod_A G_A(Z) = \prod_A e^{P_A(\gamma)(Z^{V_A}-1)}$$

$$= e^{\sum_A P_A(\gamma)(z^{v_A}-1)} = e^{\sum_A P_A \sum_{k=1}^{K} g_k^A \gamma_k (z^{v_A}-1)} = e^{\sum_{k=1}^{K} \gamma_K P_k(z)}$$

其中，$P_k(z) = \sum_A g_k^A p_A(Z^{V_A} - 1)$，则得：

$$G(z) = \int_0^\infty \cdots \int_0^\infty e^{\sum_{k=1}^{k} \gamma_k P_k(z)} \prod_{k=1}^{K} g_{a_k, \beta_k}(\gamma_k) \mathrm{d}\gamma_1 \ldots \mathrm{d}\gamma_K$$

其中，$g_{a_k \beta_k}(\gamma_k)$ 为 γ_k 的概率密度。进一步可得：

$$G(z) = \prod_{k=1}^{K} \frac{1}{(1-\beta_k P_k(z))^{a_k}} = e^{-\sum_{k=1}^{k} a_k \ln(1-\beta_k P_k(z))}$$

因 $\alpha_k = \frac{1}{\sigma_k^2}, \beta_k = \sigma_k^2$，则得：

$$G(z) = e^{-\sum_{k=1}^{k} \frac{1}{\sigma_k^2} \ln(1-\sigma_k^2 P_k(z))}$$

3. 复合伽玛 Credit Risk+模型

在 CSFB 模型基础上，复合伽玛模型引入随机变量 γ_0，其服从均值为 1、方差为 σ^2 的伽玛分布。行业风险因子因 γ_0 不再相互独立，其形参数为 $\alpha_k = \gamma_0 \overline{a_k}$，$\overline{a_k}$ 为常数。债务人 A 违约概率同 CSFB Credit Risk+模型，其违约损失概率生成函数为：

$$G(z \mid \gamma_0, \gamma_1, \cdots, \gamma_k) = \prod_A G_A(z \mid \gamma_0, \gamma_1, \cdots, \gamma_k)$$

$$= \prod_A e^{P_A \sum_{k=1}^{K} g_k^A \gamma_k (z^{v_A} - 1)} = e^{\sum_{k=1}^{K} \gamma_k P_k(z)}$$

其中，$P_k(z) = \sum_A g_k^A P_A(Z^{v_A} - 1)$，则得：

$$G(z \mid \gamma_0) = \int_0^\infty \cdots \int_0^\infty e^{\sum_{k=1}^{K} \gamma_k P_k(z)} \prod_{k=1}^{K} g_{\alpha_k, \beta_k}(\gamma_k) d\gamma_1 \cdots d\gamma_k$$

$$= \prod_{k=1}^{K} \frac{1}{(1 - \beta_k P_k(z))^{\alpha_k}}$$

由 γ_0 服从伽玛分布，则：

$$G(z) = \int_0^\infty e^{\gamma_0 \left[-\sum_{k=1}^{K} \frac{1}{\beta_k} \ln(1 - \beta_k P_k(z)) \right]} \times g_{\alpha, \beta}(\gamma_0) d\gamma_0$$

$$= e^{-\alpha \left[1 + \beta \left(\sum_{k=1}^{K} \frac{1}{\beta_k} \ln(1 - \beta_k P_k(z)) \right) \right]}$$

因 $\alpha = \frac{1}{\sigma^2}, \beta = \sigma^2$，可得：

$$G(z) = e^{-\frac{1}{\sigma^2} \ln(1 + \sigma^2 (\sum_{k=1}^{K} \frac{1}{\beta_k} \ln(1 - \beta_k P_k(z))))}$$

且存在 $\sigma^2 = \begin{cases} \sigma^2, k \neq 1 \\ \beta_k + \sigma^2, k = 1 \end{cases}$ 成立，且存在当 $k \neq l$ 时，$\sigma_{kl} = \sigma^2$，行业风险因子协方差等于 γ_0 的方差 σ^2，这可能与现实不相符合；而当 $k = l$ 时，则有 $\sigma_{kk} > \sigma^2$。

4. 两阶段 Credit Risk+模型

在两阶段模型中，考虑了系统风险因素，系统风险因子设定为 $Y_1, Y_2, \cdots, Y_N, Y_i$ 服从均值为 1，方差为 δ_i^2 的伽玛分布。行业风险因子用系统风险因子表示成：$\gamma_k = b_{k1} Y_1 + b_{k2} Y_2 + \cdots + b_{kN} Y_N$。其中 $k = 1, 2, \cdots, K, b_{ki}$ 之和等于 1。债务人 A 违约概率同上，由 $\begin{cases} m_l^i + m_f^i + I^i = 1 \\ m_l^j + m_f^j + I^j = 1 \\ I^i = I_l^i + I_f^i \\ I^j = I_l^j + I_f^j \end{cases}$ 式可得：

$$G(z \mid Y_1, Y_2, \cdots, Y_N) = e^{\sum_{k=1}^{K} \gamma_k P_k(z)} = e^{\sum_{k=1}^{K} \sum_{i=1}^{N} b_{ki} Y_i P_k(z)}$$

$$= e^{\sum_{k=1}^{K} b_{ki} P_k(z) \sum_{i=1}^{N} Y_i} = e^{\sum_{i=1}^{N} Y_i \sum_{k=1}^{K} b_{ki} P_k(z)}$$

进一步可算得：

$$G(z) = \prod_{i=1}^{N} \frac{1}{(1-\beta_i \sum_{k=1}^{K} b_{ki} P_k(z))^{a_i}} = e^{-\sum_{i=1}^{N} \frac{1}{\delta_i^2} \ln(1-\delta_i^2 \sum_{k=1}^{K} b_{ki} P_k(z))}$$

计算出行业风险因子的方差：

$$\text{var}[\gamma_k] = \text{var}[b_{k1}Y_1 + b_{k2}Y_2 + \cdots + b_{kN}Y_N] = b_{k1}^2 \delta_2^2 + \cdots + b_{kN}^2 \delta_N^2$$

和行业风险因子间的协方差：

$$\text{cov}(\gamma_k, \gamma_1) = E(\gamma_k \cdot \gamma_1) - E(\gamma_k) \cdot E(\gamma_1) = E(\gamma_k \cdot \gamma_1) - 1 = \sum_{i=1}^{N} b_{ki} b_{li} \delta_i^2$$

因 $\gamma_k = b_{k1}Y_1 + b_{k2}Y_2 + \cdots b_{kN}Y_N$，且 b_{ki} 之和等于 1。可得：

$$P_A(Y_1, Y_2, \cdots, Y_N) = p_A \sum_{k=1}^{K} g_k^A (\sum_{i=1}^{N} b_{ki} Y_i)$$

$$= p_A \sum_{i=1}^{N} Y_i (\sum_{k=1}^{K} g_k^A b_{ki})$$

$$= p_A \sum_{i=1}^{N} c_i^A Y_i$$

其中，c_i^A 为系统风险因子对债务人的影响权重，且 $\sum_{i=1}^{N} c_i^A = 1$，$c_i^A = \sum_{k=1}^{K} g_k^A b_{ki}$。生成函数，这就相当于直接用系统风险因子替代了。

经过仔细比较，可以发现两阶段模型的违约损失概率生成函数与 CSFB 模型在形式上没有本质区别，实际上，行业风险因子并非完全由系统风险因子决定，即 $\gamma_k = b_{k1}Y_1 + b_{k2}Y_2 + \cdots + b_{kN}Y_N$ 并非严格成立，因此，使用两阶段模型来评估贷款组合的非预期损失，可能会产生较大的误差（彭建刚等，2009）。

5. 多元系统风险 Credit Risk+模型

系统风险因子 $Y_1, Y_2, \cdots, Y_N$ 设定同上文，$\gamma = (\gamma_1, \gamma_2, \cdots, \gamma_k)$ 设定也同上文，α_i 和 β_i 为其形参数和规模参数。模型假定信贷人的违约损失率为一常数，已知行业风险因子之间的协方差矩阵。行业风险因子形参数为 $\alpha_k = (b_{k1}Y_1 + b_{k2}Y_2 + \cdots + b_{kN}Y_N)\overline{\alpha_k}$，$\overline{\alpha_k}$ 为常数，且 b_{ki} 之和等于 1，$k=1, 2, \cdots, K$。行业风险因子的期望为 1，得：$\alpha_k = \dfrac{b_{k1}Y_1 + b_{k2}Y_2 + \cdots + b_{kN}Y_N}{\beta_k}$

将 $\begin{cases} \dfrac{\mathrm{d}m_{lk}}{\mathrm{d}t} = \lambda_l k I \Phi - \sigma_l m_{lk} = 0 \\ \dfrac{\mathrm{d}m_{fk}}{\mathrm{d}t} = 2\lambda_f k I_l I_f m_f \Psi - \sigma_f m_{fk} = 0 \end{cases}$ 代入 $\begin{cases} \Phi = \sum_{k}{}' P(k' \mid k) m_{lk'} \\ \Psi = \sum_{k}{}' P(k' \mid k) m_{fk'} \end{cases}$,

且 $\alpha_i = \dfrac{1}{\delta_i^2}$,$\beta_i = \delta_i^2$,可得:

$$G(z) = \prod_{i=1}^{N} \frac{1}{(1-\beta_i A_i(z))^{\alpha_i}} = e^{-\sum_{i=1}^{N} \alpha_i \ln(1-\beta_i A_i(z))}$$

其中,$A_i(z) = -\sum_{k=1}^{K} \dfrac{b_{ki}}{\beta_k} \ln(1 - \beta_k P_k(z))$。由

$$\begin{cases} \dfrac{\mathrm{d}m_{lk}}{\mathrm{d}t} = \lambda_l k I \Phi - \sigma_l m_{lk} = 0 \\ \dfrac{\mathrm{d}m_{fk}}{\mathrm{d}t} = 2\lambda_f k I_l I_f m_f \Psi - \sigma_f m_{fk} = 0 \end{cases}$$

还可得:

$$\mathrm{var}[\gamma_k] = \beta_k E_{Y_1,Y_2,\cdots,Y_N}[\mathrm{var}_{Y_1,Y_2,\cdots,Y_N}[\gamma_k \mid Y_1,Y_2,\cdots,Y_N]]$$
$$+ \mathrm{var}_{Y_1,Y_2,\cdots,Y_N}[E[\gamma_k \mid Y_1,Y_2,\cdots,Y_N]]$$
$$= \beta_k \sum_{i=1}^{N} b_{ki} + \mathrm{var}(\sum_{i=1}^{N} b_{ki} Y_i) = \beta_k + \sum_{i=1}^{N} b_{ki}^2 \delta_i^2$$

这表明,行业风险因子方差受 δ_i^2 和 β_k 共同作用。当 δ_i^2 为 0 时,$\mathrm{var}[\gamma_k] = \beta_k$,行业风险因子服从均值为 1、方差为 β_k 的伽玛分布,模型就等同于 CSFB Credit Risk+模型。令 $k \neq l$,得行业风险因子的协方差为:

$$\mathrm{cov}(\gamma_k, \gamma_l) = E(\gamma_k, \gamma_l) - E(\gamma_k) \cdot E(\gamma_l)$$
$$= E_{Y_1,Y_2,\cdots,Y_N}[E_{Y_1,Y_2,\cdots,Y_N,k,l}[\gamma_k \cdot \gamma_l \mid Y_1,Y_2,\cdots Y_N]] - 1$$
$$= E_{Y_1,Y_2,\cdots,Y_N}[E_{Y_1,Y_2,\cdots,Y_N,k}[\gamma_k \mid Y_1,Y_2,\cdots,Y_N]$$
$$\times E_{Y_1,Y_2,\cdots,Y_N,l}[\gamma_l \mid Y_1,Y_2,\cdots,Y_N]] - 1$$
$$= \sum_{i=1}^{N} b_{ki} b_{li} \delta_i^2$$

上式表明,模型中行业风险因子之间的协方差只受系统风险因子的作用。在分析中,一般由行业风险因子间的协方差矩阵及其自身特性,估计出无系统风险因子影响时的规模参数。

第五节　互联网金融信用风险预警模型选择

虽然对目前整体而言，互联网金融并没有导致金融业务模式或金融本质的改变，其发展仍然处于起步阶段，整体规模极其有限，但是监管当局对它的监管控制基本是有效的，互联网金融风险目前还是可控的（郑联盛，2014）。本质上来说，互联网金融虽然实现了金融产业的渠道创新，但目前在金融产业方面仍然存在与信用风险等相关的核心问题。目前互联网金融的很多模式，尤其是有关 P2P 网络信贷方面，一些平台由于没有能力评估风险以致对风险的低估或者无视，导致风险暴露，甚至在创业的初始阶段就遭受打击，倒闭破产，不仅给投资者造成了财产上难以弥补的损失，也影响了人们对互联网金融的信心。

20 世纪 90 年代以来，国际上正在紧密、高速地关注着信用风险管理数理模型，有代表性的信用风险量化模型有：Credit Metrics 模型（JP 摩根银行，1997）、KMV 信用风险评估模型和 CSFR 的 Credit Risk＋方法。关于互联网金融信用风险模型应用研究主要包括：KMV 模型对中国互联网金融信用风险测算（孙小丽等，2013），基于 BP 神经网络进行互联网信用风险评估（李从刚等，2015；黄梦宇，2013），逻辑回归模型在互联网金融信用风险中应用（徐喆，2013），基于 Credit Risk＋模型对互联网金融信用风险进行估计（李琦等，2015），基于 Garch 模型对互联网金融市场风险进行度量（孙皓，2013），基于层次分析法评价互联网金融风险（宋天依等，2015），但其中却唯独缺乏互联网金融信用风险预警模型的研究。在我国互联网金融的市场上，如何能够有效吸收西方发达国家各公司高管在互联网金融风险管理上的经验，进行整理归纳总结，从而构建适合我国互联网金融发展特色的信用风险预警模型是其中的关键。

关于互联网金融信用风险模型应用研究主要包括：给予模糊层次分析法的互联网金融风险分析（桂杨等，2018），互联网金融对金融机构信用风险的影响效应——基于 PTR 模型的非线性分析（冯冠华，2018），基于 AHP 的互联网金融风险评价及防控政策（姚琳琳，2018），基于卷积神经网络的互联网金融信用预测研究（王重仁等，2017），中国互联网金融征信的二维思考——

基于经济学与法学视角（王伟，2017），基于 KMRW 声誉模型的互联网金融监管博弈研究（卜亚等，2017），基于随机森林的 P2P 网贷信用风险评价、预警与实证研究（于晓虹等，2016），网络借贷平台风险控制的研究——基于交易可能性集合模型应用（陆岷峰等，2016），互联网理财风险度量及其监管——基于 VaR-GARCH 模型的分析（林小霞等，2016）。

互联网金融信用风险指标体系极其复杂，具有多个指标层次，包含很多有测量误差的潜在变量。在互联网金融信用风险的评价与分析中，这些测量误差在很大程度上会导致常规回归模型的参数估计产生误差，而结构方程模型的特点则正好可以解决互联网金融信用风险评价中的相关问题，减少相关误差，因此，互联网金融信用风险评价适合运用结构方程模型进行分析。经过查找现有文献，发现其中有关结构方程在金融风险预警和管理中的应用主要包括：基于结构方程模型的金融危机预警方法（牟晓云、李黎，2010），商业银行房地产信贷风险预警模型建立（慕铮，2011），商业银行操作风险管理（梁力军、孟凡晨，2012），金融综合化服务与操作风险、声誉风险的衡量（肖春海，荣婷婷，2012），金融危机预警指标体系及其结构方程模型构建（马威，2014），互联网汽车金融信用风险管理研究（汪晨，2016）。根据上述文献我们可以看出结构方程主要用来研究传统的金融风险管理，采用结构方程模型研究互联网金融风险的文献并不多，主要有基于结构方程模型的互联网金融理财行为研究（张万力，2015），互联网金融产品用户采纳行为影响因素实证研究（刘玥，吴亮，2015）。而采用结构方程模型研究互联网金融信用风险预警的文献则更是少之又少，且预警指标设定缺乏全面性和系统性。本书在研究互联网金融信用风险预警时，由于市场因素复杂且涉猎广，我们选择其作为设定预警指标的主要因素之一，在经过分析且充分考虑互联网金融信用风险的特点的基础上形成系统、全面的互联网金融信用风险预警指标体系，从而形成优质、高效的互联网金融信用风险管理体系。

第五章　互联网金融信用风险预警实例分析
——以 P2P 网贷为例

近十余年来，P2P 网络借贷作为基于互联网科技的一种新型债权融资模式，突破了传统民间借贷下人缘地缘关系的局限性，克服了传统银行信贷惠普性不足的弊端，在金融领域开创了全新的商业模式，迅速成为惠普金融体系中不可或缺的重要新生力量。尤其是在互联网经济飞速发展的中国，P2P 网络借贷在不断本土化的过程中得到了跨越式发展，成为中国小微金融发展的典范之一。

金融机构虽然被认定具有资金融通的作用，但是传统的金融机构很难服务所有用户群体，特别是资金借贷方面，低净值、低收入用户总是被排除在融资需求之外，农民、次级用户和小微企业很难在传统金融机构筹集到所需资金。但随着互联网金融的普及，低层次群体和小微企业享受到互联网金融的实惠。互联网金融的发展不仅促进了电子货币和电子支付等金融模式的发展，也催生了一种新的借贷方式——网络借贷。在这种借贷方式下，借贷双方消除了对传统金融机构的依赖，进而依托互联网平台实现高效对接。相比于传统借贷方式，借贷者可以用更便捷的方式和更低廉的价格筹集到自己所需资金。

不同于传统的借贷方式，网络借贷是一种 peer-to-peer（P2P）的模式。其核心是金融脱媒，它利用互联网的便利，直接将借款者和贷款者联系起来，免除了商业银行等金融媒介的高昂运营成本。虽然当前中国存在部分传统借贷的互联网化，如阿里巴巴金融和苏宁信贷，但是网络借贷的核心还是 P2P，从狭义上看，P2P 借贷就等同于网络借贷。

拥有以上优势的网络借贷，从诞生之初就受到底层群众的普遍欢迎。自从 2005 年英国产生第一个 P2P 网络借贷平台 Zopa 以来，网络借贷在全世界范围内得到了快速的发展，在业内被描述为"野蛮式生长"。虽然从总量上说，它还难以和商业银行等巨头抗衡，但是网络借贷因为它自身概念的优势带有独特的生命力，将来必定会对商业银行产生不小的冲击。

虽然有着行业爆炸式增长的现状和光明的前景，我们也不能对网络借贷报以盲目乐观的态度，网络借贷在其发展过程中也积累了很多的问题，亟待解决。

第一节 P2P网贷概述

一、P2P网络借贷的定义

P2P是英文"peer-to-peer"的缩写，"peer"在英文中有"对等者"或"伙伴"之意。因此，从字面理解，P2P蕴含"对等网络"概念。国内媒体一般将P2P翻译成"点对点"或者"端对端"，信息科学界则统一称为对等计算。P2P的完整概念可以定义为"网络参与者共享其拥有的部分硬件资源（处理器、存储器、网络连接、打印机等），并通过网络提供相应服务和内容。这些共享资源可以被其他对等节点（peer）直接访问而无须经过中间实体，网络中的参与者既是资源提供者（server），又是资源获取者（client）。参与者越多，可分享资源也越多。与之对应，P2P借贷的英文完整表述是"peer-to-peer lending and online investment"，沿用了网络科技术语的表述与内涵，译为"点对点贷款与投资"，即资金供需双方，利用互联网技术和平台，无须通过"中间人"，实现个人与个人之间的直接小额资金借贷。

目前，中国政府对P2P网络借贷给予正式法律界定的官方文件主要有两个：

1.2015年7月，中国人民银行等十个部门发布的《关于促进互联网金融健康发展的指导意见》。该意见将网络借贷区分为个体网络借贷（即P2P网络借贷）和网络小额贷款。其中，个体网络借贷是指个体和个体之间通过互联网平台实现的直接借贷，并明确将个体网络借贷纳入民间借贷范畴，适用于《合同法》《民法通则》等法律法规以及最高人民法院相关司法解释。网络小额贷款是指互联网企业通过其控制的小额贷款公司，利用互联网向客户提供的小额贷款，其实质是小额贷款公司业务的线上推广与运作。因此，网络小额贷款应遵守现有小额贷款公司监管规定。同时，该指导意见首次确认了网络借贷业务由银保监会负责监管，填补了 P2P 网络借贷监管真空。

2. 2016 年 8 月银保监会等四部门联合发布了《网络借贷信息中介机构业务活动管理暂行办法》，该法规将网络借贷界定为个体和个体之间通过互联网平台实现的直接借贷。其中，个体包含自然人、法人及其他组织；互联网平台主要指网络借贷信息中介机构，该类机构是依法设立，专门从事网络借贷信息中介业务活动的金融信息中介公司。中介公司以互联网为主要渠道，为借款人与出借人（即贷款人）实现直接借贷，提供信息搜集、信息公布、资信评估、信息交互、借贷撮合等中介服务。

P2P 网络借贷是个体（自然人、个体工商户、法人）之间通过互联网平台实现的直接或间接债权债务融资。本章界定不同于《网络借贷信息中介机构业务活动管理暂行办法》中对网络借贷的定义及相关概念。主要原因是从各国的实践经验看，P2P 网络借贷并不完全是出借人与借款人之间形成的直接借贷，也存在以平台为中间人的类似银行借贷的间接债权债务融资，典型案例如美国的 Lending Club 和 Prosper。此外，在中国的实践中，网络小额贷款十分普遍。

二、P2P 网络借贷的作用和意义

凭借着自身特有的优势，网络借贷也发展出了自己的一片天地，给大众带来了新的融资实惠。在欧美国家，由于人群普遍已经过度借贷化，网络借贷更多的只是作为一种便宜的信用贷款。通过 Lending Club 自身统计，83.32% 的贷款被用于清偿信用卡贷款，网络借贷给欧美民众带去了更便宜的融资方式。

反观中国，因为信贷市场对小微企业和个人还有很大的封闭性，网络借贷不仅是一种低成本的融资方式，更是解决金融市场基本需求的一个可行办法，正发挥着比在欧美更重要的作用。它满足了国内个人经营消费贷款以及个人投资理财的庞大市场需求，帮助个人提高了生产生活水平，并且缓解了小微企业融资困难的问题。

（一）缓解小微企业的融资困境

在中国，大中企业一般都有着自己固定的融资方式，由于其本身实力雄厚，可以通过多种方式融资，比如银行贷款、发行债券和股份等，也和各大银行保持着良好的合作关系，所以融资难的问题并不凸显。但是小微企业却没有这么幸运，小微企业（我们定义小企业为银行贷款 500 万元以下、微型企业为银行贷款 100 万元以下的个体工商企业）占企业总数的 90% 以上，它们在活跃市场、增加税收、创造就业、保持社会稳定等方面发挥着巨大作用，是经济和社会健康发展的重要力量。同时，它们的借贷也主要是用于生产，但它们却面临着严重的融资困境。小微企业融资难主要体现在贷款难，大多数银行不愿问津小微企业贷款。从现实情况看，绝大多数银行把目标客户定位于"中型企业"而非"小微企业"，原因不外乎三点：第一，小微企业贷款的风险较高，小微企业贷款的不良率远高于传统贷款的不良率；第二，按照服务大企业的传统模式开展小微企业借贷，人工成本太高；第三，由于监管机构对于银行的不良贷款生成有严格要求，银行往往担心会因为小微企业贷款的高不良率而被问责。大多数时候小微企业不得不借助于民间借贷甚至是高利贷，但是民间借贷利率奇高，大大增加了企业的运营成本。

为了支持小微企业发展，政府发布了很多针对小微企业的信贷政策，其中很重要的一项就是充分利用互联网等新技术、新工具，研究发展网络融资平台，不断创新网络金融服务模式。网络借贷正是响应政策倡导和符合企业需求的新金融模式。在网络借贷平台，小微企业能够快捷地申请到所需贷款，而且相对利率比民间借贷要低很多。虽然由于贷款数额较低，现在通过 P2P 借贷平台融资的小微企业还比较少，但其发展速度很快。以阿里巴巴金融为例，从 2010 年运营的阿里小贷，截止到 2018 年底，已经累计发放贷款超过 2 万亿元，给 600 万家小微企业和个人提供融资服务。

（二）推动征信系统建设

目前我国人民银行征信系统的数据主要来源并服务于银行业金融机构等传统意义上的信贷机构。P2P、电商小额贷款机构等新型信贷平台的信贷数据游离于征信体系之外，互联网金融征信系统建设缺位，互联网金融的信用信息尚未被纳入征信系统。金融机构无法利用征信系统共享和使用征信信息，对借款人的信用缺乏了解，导致坏账率升高，风险加大。P2P 金融业务所搭建的平台在满足借贷双方资金需求的同时，也正积累着越来越多的金融数据，从地域、资金规模、贷款时限、还款方式、利率水平等多个维度对我国居民和中小企业的需求信息进行收集和积累，还可以挖掘出我国居民和企业的风险承受能力、传统金融渠道运作效率、不同行业的投资收益率以及我国影子银行风险及规模等重要数据。未来，P2P 平台所采集的数据如果可直接应用于央行个人信用体系中，那么网络借贷征信将成为征信体系中的一项重要内容。

（三）增加投资者的收入

随着中国中产阶级及富裕阶层逐渐增多，对财富管理有着巨大需求。但是由于中国专业财富管理机构少，资产证券化水平低，产品选择少，受到最低投资额限制等，该群体找不到合适的财富管理机构。目前，传统和国外的金融机构目光均集中于高净值资产人群。庞大的中产阶层和富裕人群却缺乏相应的财富管理服务。

福布斯和向上金服联合发布《2018 中国新兴中产阶层财富白皮书》，2017 年上半年国内生产总值 381 490 亿元，同比增长 6.9%。根据摩根士丹利近期发布的研究报告，中国将在 2025 年迈进人均国民收入 1.37 万美元的门槛，步入高收入国家行列。居民财富的快速累积，"中产阶级"人口逐渐壮大到 1.76 亿，以一个新兴的阶层形式出现，中国新兴中产阶层划定为私人可投资资产为 30 万～200 万的人群，成为当今中国社会结构的中坚力量。调查显示，在新兴中产阶层中来自金融产品投资的财富占比超过房地产，一方面是房地产投资需要大量资金；另一方面中产阶级相对年轻，一些门槛不高的金融产品反倒对其具有一定的吸引力；调研显示，64% 的新兴中产阶层会通过互联网金融理财平台理财。而 P2P 理财门槛低，正好符合这个群体的需求，对此阶层财富增值有积极意义。

（四）促进普惠金融

中国作为发展中国家，存在着严重的金融抑制现象，还有庞大的"金融弱势群体"——中低收入工薪族、小微企业主和个体工商户，他们被排斥在金融体系之外，无法从传统的金融机构中获得所需的金融服务，从而缺乏必要的生产生活资金,生活陷入恶性循环。而从客户定位上讲,网络借贷用户正是这些"金融弱势群体"。网络借贷通过互联网平台将金融服务的门槛降低,成本降低,使得众多小微企业、个体工商户和中低收入工薪族可以平等地获得金融帮助,使其实现发展目标,为社会稳定、增加就业和创造经济价值做出贡献。

三、P2P 网络借贷与传统银行、非法集资的差异

P2P 网络借贷是当前互联网金融模式中比较完善的一种。其运作机制是闲置资金持有者,通过网络借贷平台牵线搭桥,将资金出借给有资金需求的借款人。中介机构负责对借款方的信用水平、经济效益、经营管理水平、发展前景等情况进行详细考察,并公布信息、提供撮合服务,收取账户管理费和服务费维持平台运转,获取合理报酬。P2P 网络借贷可以看作是传统民间借贷的互联网运作,但其通过网络平台的集中信息发布、专业化信用风险评估以及集合竞标交易等创新方式突破了传统熟人社会、人缘地缘的局限性,丰富了市场参与者类型,增加了供需双方匹配成功的可能性,提升了借贷资金的定价与配置效率,较好地解决了小微企业和个人资金借贷的难题。

P2P 网络借贷行为与传统银行借贷行为、非法集资存在较大差异,主要表现在以下几个方面:

(一) 借贷行为主体和机构性质不同

P2P 网络借贷涉及资金出借人、借款人和平台三方,而平台的法律属性是依法设立的信息中介机构;传统银行借贷涉及存款人、贷款人和银行三方,银行是依法吸收、归集资金的正规金融组织;非法集资主要涉及资金出借人与集资人两方,集资人可以是法人、自然人或其他组织。

(二) 金融功能不同

在 P2P 网络借贷与传统银行借贷的交易行为中,平台与银行均发挥着资金融通、风险揭示、撮合交易、增信和定价等金融功能。但是,在银行借贷过程中,银行作为信用中介,主动承担贷款人的信用风险、资金期限错配风险、货币错配风险以及部分利率风险;而在 P2P 网络借贷中,平台公司主要

作为信息中介出现在借贷交易过程中,提供借贷信息发布、资信评估、交易撮合等功能,一般不承担贷款人的信用风险(平台提供债权担保除外)。借款人的违约风险完全由资金出借人承担。但在实践中,国内外的网贷平台都存在提供债权担保、先行垫付等增信行为,以发挥信用中介功能。在非法集资行为中,集资人主要发挥资金融通、期限配置功能。此外,在定价机制方面,依据 P2P 网贷平台的商业模式不同,平台定价的角色有所差异。在直接借贷模式中,资金价格由资金出借人竞标、借贷双方共同决定,但在间接借贷模式中,平台直接参与定价。传统银行借贷通常由银行定价,银行处于垄断地位。非法集资也由借贷双方共同决定,但通常借方会抛出高息以吸引出借人。

(三)借贷法律关系不同

从借贷法律关系看,传统的 P2P 网络借贷平台只是充当中间人的作用,并不与出借人和借款人发生借款合同关系,更多发挥着信息中介的作用,而且原则上不向出借人承担还本付息的责任,仅负责协助催收欠款。商业银行的借贷行为则可以分割为存款合同和贷款合同两个法律关系,银行分别与存款人和借款人发生资金往来。可以吸收公众存款,并按照自己的意愿发放贷款,从而实现资金在金额和期限上的重新配置,这是商业银行的核心特征。在这一过程中,商业银行发挥着信用中介的作用。此外,按照法律法规规定,商业银行必须根据存款人的指示向存款人支付本金与利息,是承担还款责任的唯一主体。在非法集资行为中,集资人与资金出借人之间,同样形成了借贷关系,这是构成非法集资活动的基础,而且集资人与资金出借人之间存在直接的债权债务关系。

(四)合规性存在差异

商业银行是目前中国唯一依法批准可以公开合法吸收公众存款的商业金融组织。P2P 网络借贷平台作为信息中介,按照《网络借贷信息中介机构业务活动管理暂行办法》不得吸收或变相吸收公众资金,但在实践中,很多平台采取了债权转让的业务创新模式。在债权分拆转让过程中,很多平台存在公开向不特定对象吸收资金的嫌疑,即在合规性上存在非法集资的可能。本书认为,判断 P2P 网络借贷平台是否涉嫌非法集资,不能一刀切,应重点考量 P2P 网络借贷平台是否与出借人形成事实上的借贷法律关系,以及是否具有向不特定对象吸收资金两个因素，同时还要具体判断，P2P 网络借贷平台是否构成非法集资者的"共犯"，而不能简单地将 P2P 网络借贷与非法集资行为等同。

P2P 网贷平台相比传统银行在信贷业务上的优势主要表现为具有规模报酬递增的成本节约效应。麦肯锡对美国知名 P2P 平台 Lending Club 的研究表明，相比银行信贷，Lending Club 运用网络技术开展借贷业务更具成本优势：不需要分支机构（节省 2.2%）；票据托收和欺诈的成本转移给出资人（节省 1.31%）；无须人工贷款发放（节省 0.81%）等等。但是，网络借贷由于没有实体店，市场营销费用会比传统银行高出 0.75%。综合下来，Lending Club 的运营成本比传统银行低 3.85%。这正是 P2P 网贷平台借助互联网优势挑战传统银行的实力体现。

此外，传统银行与 P2P 网贷平台在市场定位、资金来源、利率决定、信贷流程管理、风险控制等方面也有较多的区别。

四、P2P 网络借贷发展概况

P2P 小额借贷是一种将非常小额度的资金聚集起来借贷给有资金需求人群的一种商业模型。它的社会价值主要体现在满足个人资金需求、发展个人信用体系和提高社会闲散资金利用率三个方面，由 2006 年"诺贝尔和平奖"得主穆罕默德·尤努斯教授（孟加拉国）首创。随着互联网技术的快速发展和普及，P2P 小额借贷逐渐由单一的"线下"模式转变为"线上"与"线下"并行的模式。

P2P 网络借贷就是将民间小额借贷从线下发展到线上的一种方式。从参与主体的角度看，首先，P2P 网络借贷的参与主体具有广泛性。网络借贷主要针对的是那些中小企业、个体工商户、工薪阶层以及信用良好但缺少资金的大学生等，帮助其实现装修、培训、创业等需要。参与的主体涉及社会各阶层，尤其是中低收入以及创业人群。其次，P2P 网络借贷的准入门槛较低，参与 P2P 网络借贷的出借人或者借款人只需有几千或者几百元的资金以及需求就可以通过相应的平台进行交易，无须抵押就能进行借贷业务活动，也就是说，每个人都能成为借款人和贷款人。再次，P2P 网络借贷由于借助于网络和信息科技，因此交易效率较高，借款人一般不需要提供额外的抵押担保，全凭个人信用进行贷款，借贷过程相对简单便捷，而个人信用情况由平台公司主要依靠人民银行的征信系统进行把关审核。最后，P2P 网络借贷还有透明度较高的特点，借款者和贷款者双方通过网络互相了解身份信息、借款需求。另外，也有研究认为，P2P 网络借贷具有信用创造功能，承载了转移信用规模、信用风险、操作风险和市场风险的作用。

随着 P2P 网络借贷在中国的发展，这种全新的借贷模式逐渐适应了环境的变化，本土化特征开始显著：首先，中国的网络借贷平台针对违约情况的发生开展了本金垫付的业务；其次，为了降低违约风险，网络借贷平台自行选择相对集中的客户（借款人），从而导致此行业的市场进一步细分；再次，同国外网络借贷的发展相似，国内的一些网络借贷网站也逐步开始设计公益性的借贷活动，接受来自各方的捐款，从而为贫困地区的人口提供贷款；最后，随着 P2P 网络借贷的兴起，巨大的商机开始吸引类似担保公司等金融机构进入该领域。如深圳市农产品担保公司推出海吉星金融网，引导城市资金进入农业领域。

（一）国外 P2P 网络借贷的发展状况

目前，从行业规模上讲，中国的 P2P 借贷已经远远超过英国和美国等发达国家。但英美的 P2P 借贷行业同样在不断地探索、变化，相关经营和监管状况对中国的 P2P 借贷不无借鉴价值。尤其是作为发源地的英国，拥有宽松的政策、良好的金融环境，使得其 P2P 借贷平台内容丰富、形式多样，值得中国的 P2P 行业参考。

英国是第一个出现 P2P 网络借贷的国家，世界上第一个 P2P 网络借贷平台就是英国的 Zopa。早期的英国 P2P 网络借贷顾名思义是个人与个人的借贷，平台只负责借贷双方的接洽，并收取一定的手续费，之后也从事为中小企业进行贷款。同时，为了降低平台的违约率，英国的 P2P 网络借贷完成了市场细分等。在这一阶段，英国也经历了 P2P 网络借贷的"野蛮生长"，市场不断地扩张。然而英国的 P2P 网络借贷平台发展到后期时，也出现了平台跑路的现象，虽然之前英国的 P2P 网络借贷平台的风险防控工作已经做得相当好，但是为了获得公众的信任，英国的 P2P 行业主动成立了自律组织。

2011 年 8 月 15 日，英国 P2P、金融协会（peer-to-peer finance association，P2PFA）成立，初始成员包括 Zopa Rate Setter 和 Funding Circle 三家，

协会的首要目的是确保该行业继续高速、健康地发展。P2PFA 在章程中表示要设立最低行为标准，特别是在面对消费者和小企业时。另外强调了监管的有效性，确保监管落实到平台运营商，促使平台健康运行、操作风险可控、服务透明公正，最终提供简单且低成本的金融服务。对此，协会还提出一系列的平台运营原则。

英国政府对于 P2P 的大力支持也体现在及时更新现有的证券监管规则，将 P2P 网络借贷合法化，并纳入监管。2013 年 10 月 24 日，金融行为监管局首先发布了《关于众筹平台和其他相似活动的规范行为征求意见报告》，详细介绍了拟对"网络众筹"的监管办法。截至 2013 年 12 月 19 日，这份征求意见报告共收到 98 条反馈意见，受访者普遍认可这份报告推行的方案。英国金融行为监管局（FCA）结合反馈意见，正式出台了监管规则，并视情况决定是否对其进行修订。FCA 表示，制定这套监管办法的目的，一是适度地进行消费者保护；二是从消费者利益出发，促进有效竞争。2014 年 3 月 6 日，FCA 发布了《关于网络众筹和通过其他方式发行不易变现证券的监管规则》（下称《监管规则》），并于 2014 年 4 月 1 日起正式施行。

美国的 P2P 网络借贷的发展历程也是值得注意的，不仅因为现在最大的 P2P 网络借贷平台是美国的 Prosper 平台，美国 P2P 行业的发展也被业界视为发展典范。究其原因，除了之后的证券化模式和监管早期介入立下规范之外，主要有以下几个方面的因素：第一，拥有合适的创始人，得到风险投资公司支持；第二，美国的 P2P 改进拍卖模式，创新利率形成方式；第三，引入社交网络群组概念，持续创新金融撮合方式。

当然，监管的调整对美国的 P2P 网络借贷市场结构也产生了重要的影响。2008 年 10 月，美国证券交易委员会（SEC）认定 Prosper 出售的凭证属于证券，为此对 Prosper 下达了暂停业务的指令，要求 Prosper 必须提交有效的注册申请。SEC 在 Prosper 运营了 3 年之后的 2008 年才发出暂停营业的指令，部分原因是美国当时经济状况特别糟糕：在发出指令的一个月之前，雷曼兄弟宣布倒闭，美联银行和华盛顿互惠银行也都处在破产的边缘。鉴于监管机构和各大金融机构的负责人互相推卸责任，SEC 感到压力，决定转变对 P2P 行业放任自流的态度。

P2P 行业在 SEC 登记，标志着 P2P 借贷平台开启了一个新的发展阶段。此后，P2P 平台发生了更多的改变，在结构上变得越加复杂。P2P 平台近几年的发展主要呈现以下几个特征：第一，凭证不再将借款人和放款人直接关联；第二，平台用高回报率吸引机构投资者；第三，平台在大数据的支持下加强了对借款人的违约风险控制，减少投资者面临的风险。

相比西方的风生水起，亚洲的 P2P 网络借贷似乎发展得较为缓慢。以日本为例，目前日本最大的 P2P 网络借贷平台是名为 Maneo 的平台。Maneo 公司成立于 2007 年，随后开展了运营平台所必需的日本官方注册程序，该公司于 2008 年正式推出了 Maneo 平台。Maneo 最初侧重于消费信贷，但不久之后便转向中小企业借贷。此后，日本陆续成立了将业务拓展到房地产抵押贷款和海外消费贷款的 P2P 网络借贷平台——AQUSH 平台，该平台于 2013 年年初向太阳能发电站的运营商提供贷款。日本还成立了 SBI 社会借贷公司，值得一提的是 SBI 平台是 2013 年日本国内仅有的三个 P2P 借贷平台的最后一个，之后就再无运营商进入日本的 P2P 借贷市场。之所以出现这样的现象，可能和日本特有的情况有关，在日本，借款人更容易通过传统的金融体系获得贷款，这与美国和英国的情形大相径庭。

（二）国内 P2P 网络借贷的发展状况

自 2007 年国外网络借贷平台模式引入中国以来，国内 P2P 网络借贷平台蓬勃发展、百花齐放，迅速形成了一定规模。综观其在中国的发展历程，平台数量、每月成交金额及投资人数量的增长数据非常明确。

根据《2015—2016 年 P2P 网贷理财报告》的数据统计显示，截至 2015 年 12 月底，网贷行业运营平台达到了 2595 家，相比 2014 年底增加了 1020 家，绝对增量超过 2014 年，再创历史新高。截至 2018 年 12 月底，网贷行业运营平台数量达到了 6430 家（包括问题平台），如图 5-3 所示。

2018 年全年网贷行业成交量达到了 17 948.01 亿元，相比 2017 年全年网贷成交量（28 048.49 亿元）减少了 36.01%。在 2018 年，P2P 网贷行业历史累计成交量突破 8 万亿元大关，单月成交量呈现上半年高、下半年低的走势，四季度成交量维持低位，这也反映了当前投资人对于 P2P 网贷行业仍然较为谨慎的态度。

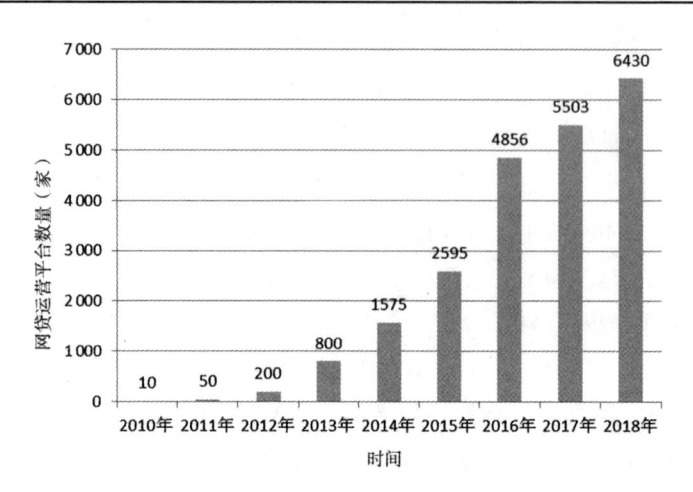

图 5-3 各年网贷运营平台数量

随着网贷成交量稳步上升，P2P网贷行业贷款余额也随之同步走高。截至2015年12月底，网贷行业总体贷款余额已经达到了4 394.61亿元，而2014年年底，总体贷款余额为1 036亿元，增长幅度为324%，如图5-4所示。这组数据表明，网贷行业吸引了大量的投资者进入，行业正在飞速地发展。但是，随着越来越多问题平台的出现，截至2018年底，P2P网贷行业总体贷款余额下降至7 889.65亿元，同比2017年下降了24.27%。这主要是由于2018年的问题平台中不乏贷款余额超亿元的中型平台，使得行业的贷款余额受到影响。此外，投资人信心受挫、成交量下降、监管要求平台控规模等因素，使得行业贷款余额在2018年出现了明显下降。

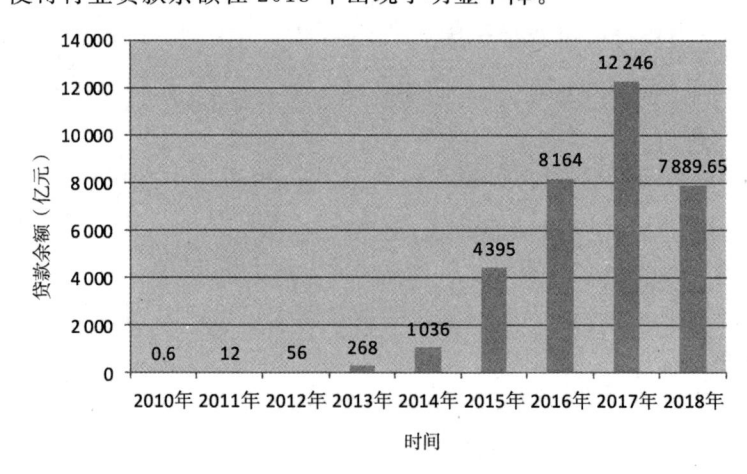

图 5-4 各年网贷贷款余额

2015年网贷行业投资人数达586万人，较2014年增加405%，网贷行业人气明显飙升。2017年投资人数达到1713万人，较2016年增加24.58%，网贷行业人气增长幅度仍然较大。但是随着问题平台给投资者带来的损失逐渐加大，投资人信心受挫，2018年投资人数和2017年相比下降了22.3%，如图5-5所示。

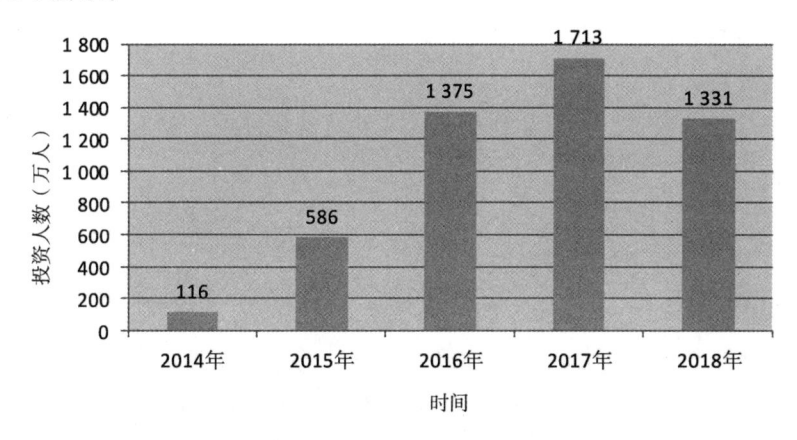

图 5-5　各年网贷投资人数

自2007年以来，我国P2P网贷发展大约经历了4个阶段：

1. 2007年至2012年，是以信用借款为主的初始发展期

这一阶段，全国的网络借贷平台发展到20家左右，活跃的平台只有不到10家，截至2011年底月成交金额大约5个亿，有效投资人1万人左右。在网络借贷平台初始发展期，绝大部分创业人员都是互联网创业人员，没有民间借贷和相关金融操控经验，因此他们借鉴拍拍贷模式以信用借款为主，只要借款人在平台上提供个人资料，平台进行审核后就给予一定授信额度，借款人基于授信额度在平台发布借款标。但由于我国的公民信用体系并不健全，平台与平台之间缺乏联系和沟通，随之出现了一名借款人在多家网络借款平台同时进行信用借贷的问题。基于以上问题的重复叠加出现，各个网络借贷平台于2011年底开始收缩借款人授信额度，很多平台借款人因此不能及时还款，造成了借款人集中违约。因此，以信用借款为主的网络借贷平台于2011年11月至2012年2月遭遇了第一波违约风险，此时网络借贷平台最高逾期额达到2 500万，诸多网络借贷平台逾期额超过1 000多万，截至目前这些老平台仍有超过千万的坏账无法收回。

2. 2012年至2013年，这一阶段是以地域借款为主的快速扩张期

这一阶段，网络借贷平台开始发生变化，一些具有民间线下放贷经验同时又关注网络的创业者开始尝试开设 P2P 网络借贷平台。同时，一些软件开发公司开始开发相对成熟的网络平台模板，每套模板售价在 3 万到 8 万之间，弥补了这些具有民间线下放贷经验的创业者开办网络借贷平台在技术上的欠缺。基于以上条件，此时开办一个平台成本在 20 万左右，国内网络借贷平台从 200 家左右迅速增加到 800 家左右，截至 2012 年底，月成交金额达到 30 亿元，有效投资人在 2.5 万到 4 万人之间。

由于这一阶段开办平台的创业者具备民间借贷经验，了解民间借贷风险，因此，他们吸取了前期平台的教训，采取线上融资线下放贷的模式，以寻找本地借款人为主，对借款人实地进行有关资金用途、还款来源以及抵押物等方面的考察，有效降低了借款风险，这个阶段的 P2P 网络借贷平台业务基本真实。但由于个别平台老板不能控制欲望，在经营上管理粗放、欠缺风控，导致平台出现挤兑倒闭情况，2013 年，投资人不能提现的平台大约有四五个。

3.2013 年至 2014 年，是一个以自融高息为主的风险爆发期

这一阶段，网络借贷系统模板的开发更加成熟，甚至在淘宝店花几百元就可以买到前期的网络借贷平台模板。由于 2013 年国内各大银行开始收缩贷款，很多不能从银行贷款的企业或者在民间有高额高利贷借款的投机者从 P2P 网络借贷平台上看到了商机，他们花费 10 万左右购买网络借贷系统模板，然后租个办公室简单进行装修就开始上线圈钱。这阶段，国内网络借贷平台从 800 家左右猛增至 1575 家左右，2013 年底，月成交金额在 74.37 亿左右，有效投资人 9 万到 13 万人之间。

这阶段线上平台的共同特点是以月息 4% 左右的高利吸引追求高息的投资人，这些平台通过网络融资后偿还银行贷款、民间高利贷或者投资自营项目。由于自融高息加剧了平台本身的风险，2013 年 10 月，这些网络借贷平台集中爆发了提现危机。其具体原因分析如下：10 月份国庆 7 天小长假过后，很多平台的资金提现积累到了几百万以上，由于这些平台本身没有准备或者无法筹集现金应对提现，造成追求高息的投资人集体心理恐慌，集中进行提现，使这些自融的平台立刻出现挤兑危机。从 2013 年 10 月至 2013 年末，大约 75 家平台出现倒闭、跑路或者不能提现的情况，涉及总资金在 20 亿左右。

4.2014 年至今，是以规范监管为主的政策调整期

这一阶段，国家表明了鼓励互联网金融创新的态度，并在政策上对 P2P

网络借贷平台给予了大力支持，使很多始终关注网络借贷平台而又害怕政策风险的企业家和金融巨头开始尝试进入互联网金融领域，组建自己的P2P网络借贷平台。截至2015年12月底，全国正常运营的P2P网贷平台数量达2 595家，P2P网贷行业单月成交量已突破千亿大关，历史累计成交量已达13 652亿元，P2P网贷行业贷款余额已达4 394.61亿元。2011年，全国的P2P公司不过区区几十家，截至2018年9月，P2P行业数量已经增长超6000家，由此可以看出，在短短不到十年的时间内，全国P2P行业呈现出迅猛发展的趋势。然而，行业在高速发展的同时，问题平台同样层出不穷。根据网贷天眼研究院的统计数据显示，截至2019年3月底，在P2P网贷行业累计的6 591家平台数量中，累计停业及问题平台就达到5 341家，而正常运营平台数量仅有1 250家，这一数据显示出来的P2P行业问题现状是不容小觑的。

第二节　　P2P网贷模式分析

在P2P借贷发展之初，只存在传统的P2P借贷模式，即P2P平台只起着信息中介线上撮合的平台作用，出借者和借款人通过竞标的方式直接实现债务对接。但是随着业务的发展和实际经营的需要，P2P借贷又发展出了信用评级、债券转让模式和担保模式等。另外，由于国内特殊的信用环境，P2P借贷顺应本土化需求产生了一种新的运营模式——线上线下综合的模式。但纯线上模式是未来的主要趋势，所以本节只分析线上模式。根据P2P贷款的运作流程，可以将我国P2P贷款分为以下四个具体的运作模式。目前，我国P2P贷款平台很少采取单一模式运营，绝大多数都是采用四种模式综合运营的P2P贷款平台。

一、传统P2P模式

传统P2P模式是最早的P2P平台运作模式，平台本身只提供最基础的信息中介服务。在此模式下，平台的工作只是对借款者进行资料审核，挑选出合格的借款人，然后将其借款需求发布在网上，供投资者进行选择，其运行模式如图5-6所示。

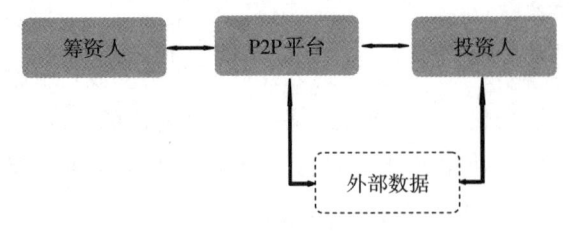

图 5-6 传统 P2P 模式

这种运作模式最为简洁独立，便于纯线上的平台运营，是最纯粹的 P2P 模式，而且作为纯中介的信息平台，几乎不会触及法律红线，政策风险较小。在 P2P 发展之初，几乎所有平台都选择这种模式，当前也还存在很多平台使用此模式。但是，这种模式也存在一些问题，如中介信息服务模式需要用户的基数比较大，否则很难实现盈利。另外，此种模式下的利率也很难被确定。起初，各平台通过竞标的方式来决定利率，让借款人发布自己可接受的最高利率，借款人发布借款信息后，投资人对该借款需求进行竞标，最终利率最低的那个投资者得到该竞标，并以投资人的利率作为实际借款合同利率。但是因为操作麻烦，后来国外的平台普遍抛弃了这种做法，转而使用债券转让模式。而中国由于政策限制，还有部分平台继续采用此种模式，最典型的就是拍拍贷。但是拍拍贷也对这种模式做了改进，取消了竞标环节，利率由借款人自己制定，投资者根据借款者情况和利率进行投资选择。若借款人利率过低而且信用不够，理性投资人就不会投标给他，借贷者无法完成资金筹集。

二、债权转让模式

债权转让模式是从传统 P2P 模式的基础上发展起来的，在这种模式下，借贷双方不直接签订债权债务合同，而是由 P2P 平台或者第三方先行放款给筹资人，形成债权，然后 P2P 平台或者第三方再将债权拆分卖给投资人，P2P 平台在该交易过程中提供服务并收取利差，其原理如图 5-7 所示。

债权转让模式是传统 P2P 模式的扩展，虽然借贷双方没有直接关联，但是仍属于个人对个人的贷款。国外平台在采用了一段时间传统模式后大都转型为债权转让模式，因为这种模式大大简化了交易步骤。债权转让模式下的 P2P 平台的性质与其他模式存在明显差异：由于平台和专业放贷人的存在，平台实则是充当了金融机构的角色，通过较高的投资回报率吸引投资者投入资金，再通过庞大的线下队伍，进行市场营销，把聚拢的资金再以较高的放贷利率借贷出去。债权转让模式下，平台的介入性相比其他两种模式来说，介入程度最高，在该模式中，债权一定要在资金的转移之前形成。

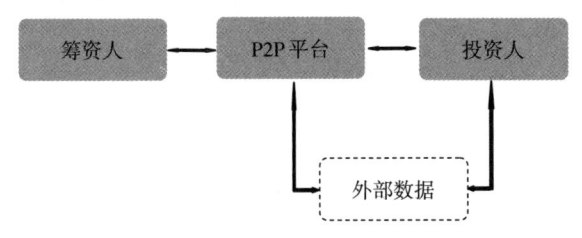

图 5-7 债权转让模式

作为目前规模最大的线下 P2P 平台，宜信采用了债权转让模式，为了规避非法集资的风险，唐宁成为最大的"债权人"。他个人先将资金借给借款人，然后把债权进行拆细，使其从金额和时间上拆分，打包成理财产品转让给资金出借人（或投资人），并从中赚取利息差。而一旦发生逾期，出借人要么与宜信通过电话短信提醒、上门拜访、法律诉讼等多种方式共同追讨本息、罚息以及滞纳金，要么接受宜信还款风险代偿金代偿部分本息。

宜信的这种模式遭遇的最大挑战在于是否触犯了"非法集资"的法律红线。这样的模式一旦遇到监管政策的出台，很可能会出现"政策风险"。不仅如此，随着宜信规模的扩大，对其风控水平也提出了更高的要求。所以这种发展模式，未来是否受到政策影响，还有待观察。

三、担保模式

尽管在金融行业刮起了一小股风暴，但是 P2P 网贷对普通人来说还是新生事物，很多投资者对 P2P 平台了解不够。另外，在 P2P 平台运行时，并不能完全确保借款人提供的信用信息的真实性，投资者处于信息不对称的境地。在面临较大违约风险时，很多投资者不敢将资金投入 P2P 平台，或者只投资很小部分。为了提升投资人参与 P2P 的信心，有效地提升借款人的信用级别，P2P 平台引入了担保模式。担保模式有两种，第一种是 P2P 平台引入第三方担保公司进行专业担保服务；第二种是 P2P 平台承诺以自有资金为投资人提供本金（及利息）保障。而 P2P 平台或者第三方担保公司则通过向借贷双方收取一定的手续费积累担保资金。其运营模式如图 5-8 所示。

```
筹资人 ←→ P2P平台 ←→ 投资人
              ↑
            担保
```

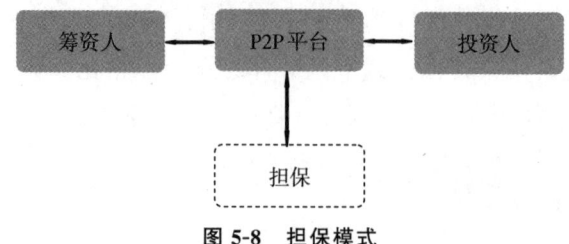

图 5-8　担保模式

因为国内很多投资者对风险和收益的关联关系还没有足够的理性认识，所以担保模式主要在国内运用，国外的 P2P 平台很少使用担保模式。担保模式可以为平台增信，很好地解决了投资者的后顾之忧，对于投资者有很大吸引力，能够有效帮助平台进行快速扩展。

但是，担保模式也有很多被诟病的地方。对于平台自身担保模式，这种操作模式涉嫌超范围经营特殊业务，有可能改变 P2P 平台的性质，因此受到很多政府人员和学者的质疑。在进行担保业务时，平台有两个底线需要守住。第一是要看平台是否有融资性担保的收入。若有，则平台的担保是具有融资性机构的担保行为，需要政府授予资质才可；第二是风险资金池的使用，不能变相为吸收公众存款的资金池。以上两点若有越界，则有触碰法律边界的危险。

对于第三方担保模式，会引入第三方担保机构甚至是小贷公司，对于平台来说，涉及的关联方较多。若平台不够强势，则会失去定价权，处于交易的附庸地位。

国内陆金所使用的担保模式比较成熟，它本身属于平安集团，可以方便地和集团内部的担保机构合作。陆金所下"稳盈-安 e 贷"就是典型的第三方担保借贷。在"稳盈-安 e 贷"服务中，陆金所为借贷双方提供中介服务，发布借款需求、管理借贷双方以及担保公司之间的借贷及担保活动、借贷资金的划拨，该产品向借贷双方收取一定费用作为担保费，其运营模式如图 5-9 所示。

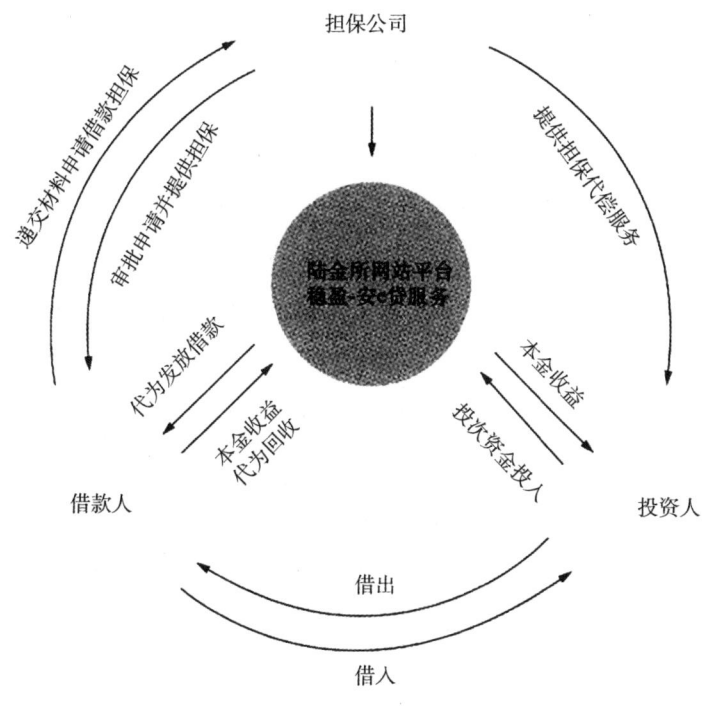

第五章　互联网金融信用风险预警实例分析——以 P2P 网贷为例　　·111·

图 5-9　稳盈-安 e 贷运作模式

四、平台模式

平台模式表面上看和传统 P2P 模式类似，都是信息中介服务平台，但是性质却大不一样。传统 P2P 模式属于纯粹的点对点，但平台模式下的 P2P 更像 P2O。在这种模式下，P2P 平台搭建线上平台，线上吸引借款人借贷，线下与小贷公司等机构合作，最终由机构投资给借款人放贷，平台只起信息中介作用。其运营模式如图 5-10 所示。

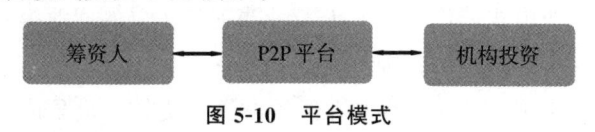

图 5-10　平台模式

纯平台的运作模式下，P2P 网贷平台本身不参与借款，只是实施信息匹配、工具支持和服务等功能。民间借贷搬到互联网上来运营的模式，是 P2P 网贷平台最原始的运作模式。纯线上模式最大特点是借款人和投资人均从网络、电话等非地面渠道获取信息，多为信用借款，借款额较小，对借款人的信用评估、审核也多通过网络进行。这种模式比较接近于原生态的 P2P 借贷模式，注重数据审贷技术，注重用户市场的细分，侧重小额、密集的借贷需求。纯线上平台的投资者风险自担，网贷平台只充当"牵线人"，披露信息，不担保。目前，国内采用这种模式的平台已经很少，坚持纯线上模式的 P2P 网贷公司，规模较大的是拍拍贷，其他公司中仅有部分业务会按此模式开展。因为不提供资金担保，极易出现逾期、提现困难等问题，很难让投资者接受。

五、各模式对比

为了更直观地对比各个模式的不同和优劣，现利用表格的形式进行总结，各 P2P 平台运营模式对比如表 5-1 所示。

表 5-1　四种 P2P 平台运营模式比较表

模式	优势	劣势
传统 P2P 模式	利于积累数据，品牌独立，借贷双方用户无地域限制，不触红线，是最正规的 P2P 贷款平台	需要先期培养竞争力，如果没有用户基础，则很难实现盈利
债权转让模式	平台交易量提升迅速，适合规模化经营	有法律风险，程序烦琐。需要地勤人员和专业的评级机构，过多的门槛条件限制了发展
担保模式	可保障资金安全，适合中国人的投资理念	有法律风险，涉及关系方过多，如果 P2P 贷款平台不够强势，则会失去定价权
平台模式	成本低、见效快	核心业务已经脱离金融范畴

上述四种商业模式，代表了 P2P 行业当前最主要的商业模式形态。其中，坚持传统的平台商业模式的目前只有拍拍贷一家，它契合了 P2P 最初创立的初衷及最基本的原则，即平台性和在线性。拍拍贷作为最早成立的国内平台，在当前国内市场由于能保证给投资者稳定的本金和收益，能够做到不急不躁，遵循 P2P 小额汇聚平台服务的特性，得到投资者的认可，但如何使得平台持续发展和吸引投资者，有待进一步探索。

担保模式以陆金所为代表，陆金所是拥有雄厚自有资产的大型企业集团，通过资产组合和包装，把不流通的线下资产担保产品，在线上进行流通，同时赚取高额收益。它依托了大型金融企业集团的强大背景和实力，对资金安全做出绝对性保证，在风险控制和个人征信系统调查方面更加成熟完善。陆金所的模式应该代表了大型集团以后进入 P2P 行业的主要参照形式。同样，红岭创投所代表的自有资金担保模式，引入第三方担保和中介机构，并通过建立 VIP 会员计提 10% 的保证金，实际是建立风险资金的备用金制度。其性质也由单纯的中介性变为中介机构和担保机构的复合。以红岭创投为代表的模式是当前 P2P 行业中那些不具备雄厚实力和强大背景，也不具备资本运作能力，不能受到资本青睐的最普通的大多数中小型平台所选择的道路，即只能通过承诺投资者本金和收益，吸引投资者，促进平台收益，再通过风险备用金计提以及引入第三方担保机构，进行资金保证和风险控制。此种模式盈利程度最高，但风险程度也最高，对后台的资金管理和风险控制要求更加严格，平台承担的角色和责任也就更多。

以宜信为代表的债权转让模式，实际上是自建资产的组合处理，是作为第三方直接参与到贷款行为中。在网络上通过包装吸引投资者参与，同时通过线下庞大的业务组织机构提供无抵押担保，寻找合适的资金需求者。先通过机构或个人先行放贷，再把此借贷包装到线上进行理财产品销售，选择与之匹配的投资者。此种模式是在一定程度上的非法集资，有可能受到政策监管的影响，有待进一步观察。

因为获得个人或企业的征信数据对于 P2P 网贷公司来说是一大难题，目前信用环境下，暂时缺乏专业全面的信用评级机构，个人信用数据相对缺失和封闭，因此，P2P 平台在个人信用借款领域的风险控制管理上面临很大的挑战。总的来讲，平台模式的 P2P 网贷的优势在于规范透明、交易成本低，但其也存在着数据获取难度大以及坏账率高的缺陷，正是这种缺陷制约了纯线上模式的快速发展，这也正是国内很多 P2P 公司"不务正业"的主要原因之一。

第三节　P2P网贷对现有金融业务的影响

一、P2P网络借贷的优势

互联网本着信息共享、分布广、公平性和点对点处理等思维方式，确实给各行各业都带来了革命性的冲击。P2P网贷也是如此，它不仅仅是使用互联网的技术优势，更是在互联网模式下衍生出的一种新的融资方式。《中国P2P借贷服务行业白皮书（2015）》（以下简称《行业白皮书》）更为互联网金融正名，认为互联网金融并不是简单的金融互联网，它是超越计算机技术本身的。它的优势并不体现在简单的技术革新上，它更是一种思维的转变，是一种互联网思维下的金融模式，代表着交互、关联、网络和点对点。而在此基础上孕育的P2P网贷，天生带有互联网的这些优势。因此，相比传统的银行借贷，网络借贷具有以下优势。

（一）降低交易成本

首先，网络借贷发生在网络平台上，通过互联网的方式，借款者和出借者可以点对点地完成交易，绕开了传统银行等金融中介机构，避免了中间运营商的高昂的运营成本。其次，P2P平台将借贷信息公布在网络上，通过互联网的便利来吸引客户，大部分的操作都在线上完成，大大减少了线下的操作，降低了平台机构对人力和实体门面的需求。相比传统的线下人力申请审批方式，线上运营成本会低很多。另外，互联网运营方式使得信息获取更为便捷，出借人和借款人可以更方便地获取到对方的借贷信息，跨越地理和时间的限制，这也降低了信息获取成本。最后，网络借贷完全线上完成，可以最大化利用计算机超强的运算和处理能力。以阿里巴巴金融为例，业务高峰时可以达到日均接近一万笔的业绩。虽然日均一万对于传统银行来说已经很难做到，但这显然不是计算机处理的瓶颈。另外，网络借贷每日会产生大量的交易数据，人力几乎无法分析。但这正好符合了大数据分析的要求，方便网络平台使用大数据的分析方法进行风险控制和收益计算。利用这个优势，阿里巴巴金融将不良贷款率控制在1%以下,而每笔贷款的成本更是低到了2.3元。

(二) 提高融资效率

传统银行通过吸存放贷的方式完成借贷双方的对接,而且贷款申请和审核线下进行,效率很低。而网络借贷将借贷双方直接联系在一起,减少了中间步骤,线上的申请和审核方式也大大提高了执行效率。总体来看,网络借贷使融资效率得到提高。

(三) 弥补传统商业银行信贷"盲点"

传统商业银行鉴于运营成本过高、利润过低等原因往往对个人、个体户和小微企业的小额信贷需求不屑一顾,致使这些客户欲通过传统金融机构获取贷款的努力经常无功而返。而网络借贷恰好瞄准这一市场,成为这一群体融资的新渠道。

(四) 增加投资人的投资选择

当前,传统的金融机构目光主要聚集于高净值人群,而忽视了广大中产阶级的理财需求。从投资者角度看,网络借贷的投资门槛很低,收益比传统银行储蓄又要高得多,满足了新的中产阶级的理财需求,给他们开辟了新的理财方式,同时也给借款人更多的信贷来源。

二、P2P网贷对金融业的影响

P2P网贷作为一种新兴的金融业态,提高了借贷双方的资金对接效率,在一定程度上解决了部分个人和小微企业的投融资难题,对于我国的金融体制改革起到了一定的推动作用,对于促进我国民间金融的阳光化、规范化发展具有重要意义。P2P网贷行业发展过程中伴随着诸多质疑,对传统的金融监管方式与风险控制方式提出了相应的挑战。

(一) 规范民间借贷、抑制高利贷

目前我国的银行业难以为普通个人和微型企业提供充分的信贷服务,导致民间借贷一直在地下盛行。传统的民间借贷市场上，借贷信息高度不对称，比价渠道较少。而P2P网贷模式的出现，为借贷双方提供了一个直接对接的平台，交易信息被平台记录并共享，可以较为清晰地反映资金去向和交易总量，为民间借贷阳光化提供了可靠的商业模式。

同时，随着P2P网贷平台的增多，使借款人融资渠道越来越多，有了更多比价的机会，行业市场化程度提高，逐步回归至风险和收益呈正比的行业规律。众所周知，江浙一带小微企业发达，而传统银行难以满足这些企业发展中的资金需求，导致民间借贷盛行。由于需求旺盛，导致利率奇高，群众参与性非常高，是高利贷多发地带，而严重不符合经济规律的利率（有的借贷利率甚至高达100％）导致这些企业进入高利贷的恶性循环，最后往往发展成群体性事件，其危害性非常大。从目前各P2P网贷平台的交易数据上看，江浙等东部沿海一带，正是P2P网贷发展较为活跃的地方，譬如温州民间借贷登记服务中心在进行相关民间借贷登记服务工作的同时，引入了翼龙贷等P2P网贷平台，并且定期统计发布"温州民间融资综合利率指数"，促进利率回归到正常的范围。

同时，P2P网贷平台打破了时间和空间的限制，源源不断地从一线城市向二、三线城市蔓延，为全国范围内的小微企业、个体经济提供资金帮助，在更广阔的范围内引导资金按照市场规律更合理、高效地进行重新配置，这也在一定程度上抑制了高利贷的发展。

（二）弥补了银行体系对小微客户服务的空白

P2P网贷的出现使融资脱离了商业银行、券商和交易所等传统金融中介，以一种支付更为便捷、市场信息对称程度更高、利率更市场化、市场参与者更为大众化的形式出现。在这种融资模式下，资金供需双方可以直接交易，使资金匹配期限更短，风险定价流程更简化。对持有资金的投资人来说，P2P网贷平台这种直接金融模式，可以为其带来较高的收益。目前，五大行一年期定期存款年收益率为2.25％，银行理财产品年收益率为4％～6％，而P2P网贷平台的年化收益率平均超过14％。P2P网贷越来越多地成为投资人重要的理财渠道之一。

P2P网贷的出现和兴起，弥补了国内银行体系对小微客户服务的空白。传统银行业采用抵押担保等较为保守的风险控制方式，这就将没有能力提供抵押担保或缺少良好信用记录的人们排斥在外。同时传统银行贷款业务在进行客户导向时，考虑成本及管理因素，银行对小额贷款业务缺乏热情。在利率非市场化，总体供给不足，金融服务成本和价格相差不大的情况下，银行等金融机构更倾向于选择国有企业、大中型企业等优质、高端客户。中信证券的数据显示，国内有4200万家中小微企业，其中只有3%的企业主要从银行获得贷款。

P2P互联网投融资平台以其方便、快捷、无须抵押的优势获得广大中小微企业的青睐，拓宽了中小微企业的融资渠道。目前，整个行业已初具规模，成交量达到1 003.28亿元，虽然P2P行业的资金实力、客户质量等仍不及传统金融机构，但已成为传统金融系统重要的补充。

（三）加速"影子银行"市场化

P2P不仅影响民间借贷市场，对中国式的影子银行，包括地下钱庄、非银行金融机构，如信托、担保、小贷公司、典当行等，也带来很大的影响。从世界范围看，"影子银行"源于流动性泛滥，但各国金融环境不同，又造成了"影子银行"形态的分化。美国金融危机前货币宽松，金融创新不断深入，各类衍生品交易红火，"影子银行"以交易证券化贷款为主。我国的情况则不同，一方面，因为正规金融领域的利率受到严格管制，并保持在狭窄的较低区间内；另一方面，拥有大量储蓄的企业和个人数量不断增多，在实际存款利率为负的情况下，他们无意把钱存入银行，而是在银行体外循环，这直接形成大型国企可以以低利率从银行获得大笔贷款，而中小民企则普遍通过"影子银行"获得资金的金融"双轨制"业态。

"影子银行"在带来金融市场繁荣的同时，也凸显了整个金融体系巨大的脆弱性。据《金融监管蓝皮书：中国金融监管报告（2014）》所示，中国影子银行体系所涉及的非传统信贷融资规模大致为27万亿元，占银行业资产比例为19%。报告大致估算最狭义影子银行体系所涉及的非传统信贷融资的规模大致为6万亿元。在同业业务高速扩张的背景下，影子银行的风险将首先表现为资金市场的流动性危机。一旦拆借市场爆发风险，高度依赖批发性资金市场的银行或其他金融机构将遭遇流动性危机，进而引发违约及信用危机，最后可能导致银行体系危机。2013年6月20日的"钱荒"事件就是影子银行典型的风险信号。

由于没有平等的"融资权",影子银行往往是弱势群体(小企业和低收入消费者)的唯一融资手段,导致影子银行在为小企业服务过程中的强势地位,使小企业并不能真正享受市场化服务。例如,信托购买的准入门槛就是上百万元,足值抵押的典当业务,年化利率也是高达30%以上。而P2P网贷将利用市场化的力量对这些融资渠道进行重新组合,是充分再分配的重要手段和促进力量。一方面P2P网贷积极与传统的担保、信托、小贷机构等进行合作;另一方面P2P网贷也会直接挤占典当、小贷公司等影子银行的市场。最终体现在价格机制上的市场化、市场参与的"低门槛"、产品的透明性,这些都将迫使"影子银行"降低门槛,加速影子银行服务的市场化,并促进金融体系的健康发展。

(四) 创新金融业风控手段

传统金融机构和P2P平台的贷款服务对象不同,从而决定了二者的风控手段、风控成本和效率也会出现极大差异。传统金融机构通常以大额信贷为主,服务对象主要为机构,且通常具有抵押物,因此传统金融机构一般按照内部风控流程对贷款项目一事一议、进行单独的考察、风险评估,更加注重贷款项目的现金流及抵押能力分析。P2P网贷行业服务对象主要是个人,小微企业的贷款通常也是以小微企业主的个人名义进行,通常也没有抵押物。小额信贷由于单笔贷款数量较小,客观上要求单笔贷款风控成本以及时间成本较低才能保证收益。P2P行业的风险控制技术一般是以个人信用为基础,包括小组联保、关系型借贷、产业链融资、人工信用调查分析、自动化信用评分等多种信贷技术,更加倾向于标准化、批量化的风控管理模式。这种以信息数据为基础的量化风控模型和自动化的信贷管理系统,可以给金融业带来新的启示。而高效率、批量化、规模化地开展小额信贷的授信和风险管理,也将是未来小额信贷业务发展的必然趋势。

(五) 促进金融监管理念改革和监管方式创新

尽管与传统金融业相比,P2P行业的基数规模并不大,但其年增长速度却非常快。伴随着P2P行业的急速扩张,监管缺位导致的信用风险以及担保杠杆过高导致的市场风险已经日益显露,且饱受诟病。但是P2P网贷行业在民间资本进入金融行业、整合金融资源以及帮助小微企业发展等方面确实起到了积极作用。在美国,因为其业务模式更多的是纯线上信息撮合,证券化的特点更明显,所以P2P网贷平台由证监会监管。而在中国,P2P网贷平台往往更深入地介入到借贷交易中,并且是跨地域的,这些特点,都对监管提出了新要求。为此,监管当局原有的监管手段已经难以适应新的要求。要更新金融监管理念和创新监管方式,既要进行适度监管与规范,同时又要给予其足够的创新空间,更需要各监管部门之间建立创新协调机制。

P2P网贷作为一种新兴的金融业态,虽然从出现之初开始就饱受争议,但谁也不能否认其在解决中小微企业融资难题上的能力。中小微企业巨大的融资需求促使这一种新型融资方式的发展壮大,随着法律法规的不断健全,P2P网贷运营越来越规范,P2P网贷会成为更多人投资、融资的方式,对于促进我国民间金融的阳光化、规范化发展,进一步推动金融市场的改革具有重要意义。

第四节 P2P网贷平台的风险

一、平台的内部风险

(一)内部控制缺失引发的操作风险

巴塞尔银行监管委员会对操作风险定义为,由于不完善或有问题的内部操作过程、人员、系统或外部事件而导致的直接或间接损失的风险。根据《巴塞尔新资本协议》,操作风险可以分为由人员、系统、流程和外部事件所引发的四类风险,并由此分为七种表现形式:内部欺诈,外部欺诈,聘用员工做法和工作场所安全性,客户、产品及业务做法,实物资产损坏,业务中断和系统失灵,交割及流程管理。目前P2P网络借贷平台面临的操作风险主要来自非法运作风险、标的风险、自融平台风险和财务风险。

1. 非法运作风险

目前P2P网络借贷平台的注册资金一般从100万元到5 000万元不等。其注册的经营范围通常都是以商务咨询顾问、电子商务、信息技术资讯类为主，并非金融机构。从总体上来看，目前已注册的P2P网络借贷平台总体资质不高，加上缺乏有效的监管，容易产生许多问题。由于交易市场是平台自身构建，如果自身出现非法操作，那么就可能滋生很大的风险。比如平台可以利用自身权限，通过后台更改数据，虚拟和捏造很多不存在的借款人出来。平台的介入隔绝了投资人和借款人之间的联系，可以利用其交易机制设计的漏洞，人为进行骗贷活动。由于交易数据、信用审核权限都放在平台手里，投资人却不能有效审核这些信息，也无从判断真假。因此投资者所处的地位就非常不利，很容易就被引入歧途，产生被诈骗等一系列恶性事件。

2. 标的风险

我国P2P网贷借款标的主要分为抵押标、担保标、信用标、净值标、流转标、秒标等。其中秒标和净值标的作用一般是活跃网站人气或满足站内资金流转，并非正常的资金借贷活动，属于非常规借款标的。秒标是指满标后自动还款的借款需求，它的特点是期限短、回报率高，因此吸引了大批投资者。但秒标的风险在于：一方面它虚增交易量和虚降坏账风险，造成平台虚假繁荣，误导出借人；另一方面P2P网络借贷平台在短期内吸收大量资金，在资金未被冻结的情况下，存在金融诈骗风险。某些P2P网络借贷平台的"秒标"可能就是"庞氏骗局"，给投资者以诱饵，利用新投资者的钱向老投资者支付利息和短期回报，制造赚钱的假象，进而骗取更多投资。净值标是指出借人以其债权为抵押物，循环发布借款需求，通过不停地借入借出，不断放大杠杆率，赚取利润。这种标的的最大风险就是流程中一个环节的资金断裂就可能引起整个资金链崩溃。因此如果某一平台出现大量的非常规借款标，其风险的积聚就很值得警惕。深圳市钱诚互联网金融研究院（第一网贷）发布的《2018年全国P2P网贷行业快报》显示，2018年全国P2P网贷的普通标、净值标、秒标分别为18 387.40亿元、973.27亿元、5.66亿元，分别占总成交额的94.95%、5.03%、0.03%。分别较去年下降51.13%、23.71%、89.44%。直至2018年底秒标金额已为0。这在一定程度上表明平台经营逐渐理性化，风险也大幅降低。

3. 自融平台风险

所谓自融平台，就是很多通过传统融资手段无法获得资金的小企业（一般为中小型企业）利用P2P网络借贷的火爆，通过成立P2P网络借贷平台，短时间内吸收大量投资为企业自身所用。由于监管的空白，不少公司都试图通过此方式获得企业发展所需资金。而流动性一旦出现问题，就会造成资金到期提现难，无法兑付。深圳的网赢天下、孝感的天力贷都是典型的自融平台，目前仍拖欠投资人大量资金未归还。

4. 财务风险

在 P2P 网络借贷平台的交易中，作为交易中转的中间账户实际上为平台自身所控制和支配，处于监管空白处的资金可能引起的风险值得警惕。2015年上半年，就已经发生了 430 起平台提现困难和跑路事件，中间账户缺乏监管是其中的主要影响因素。当资金进入平台账户，如果停留时间过长，还容易形成资金池，引发非法集资风险。还有，目前大部分的 P2P 网络借贷平台都不会披露自身的财务情况，更多的时候只能靠借贷双方自己通过网络和媒体搜集平台的相关财务信息，这就让投资者和借款人无法了解平台的真实运营情况。很多跑路的 P2P 平台都是钻了这个空子，因此 P2P 网络借贷平台的财务风险值得警惕。

（二）信用风险

1. 借款人违约引发的信用风险

从各大 P2P 网络借贷平台网站上我们可以看到，目前 P2P 网络借贷的双方呈现的是闪点网格状的多对多形式，平台的借款人大多为工薪阶层和中小微企业，且分布地域极为广泛，人群素质参差不齐，因此投资者会面临来自借款人的道德风险和信用风险。一般情况下，借款人作为资金的需求者，他必然会隐藏对自己不利的信息，甚至会提供虚假信息，以便可以拿到贷款。由于网络本来就具有虚拟性，借款人的资信状况难以完全认证，容易产生欺诈。即使 P2P 网络借贷平台对借款人做了相关的审查和评估，还是无法完全避免借款人可能的隐瞒和造假。虽然目前很多 P2P 网络借贷平台上都有提示，宣称能提供很多风险控制方式以保证将借款人的违约率控制在一定范围之内，但由于 P2P 网贷平台无法像银行一样登录征信系统，不了解借款人资信情况，这就对借款人的信息审核造成一定的难度，导致借款人出现违约的可能性增大。借款人一旦发生大规模违约，就会使平台面临巨大的信用风险和声誉风险。由于目前国内很多 P2P 网络借贷平台都实行担保或风险准备金模式，投资者的风险会直接转移到平台自身和担保公司。因此，其引发的连带效应对目前整体尚未成熟的 P2P 网络借贷平台的冲击可想而知。

2. 流动性不足引发的信用风险

流动性不足引发的信用风险是指 P2P 网络借贷平台无法随时满足投资人提取资金而发生损失的可能性。保持流动性，才能保证 P2P 网络借贷平台不断有大量资金来源，才能使 P2P 网络借贷平台正常运转，保证业务经营不断延续。我国 P2P 网络借贷平台面临流动性不足的主要原因是平台承诺了保本付息以及在"拆标"中的期限和金额的错配。错配主要是网贷平台通过拆标的方式，把长期借款标的拆成短期，大额资金拆成小额，造成了期限错配和金额错配。因为平台之间竞争激烈，而且整个行业的信用尚未建立，为了吸引资金，大部分平台推出了本金保障甚至本息保障计划。也就是说如果借款出现违约，平台必须自己垫付本金或利息。而很多平台的担保额已经大大超过了其自身的注册资本，如果出现借款人大面积违约，出借人提出要取现，那么平台自有资金不足以承担全部风险，就会面临流动性的困难。"拆标"虽然既可以满足借贷双方的需求，又能提高平台的成交量，但也需要平台不断地借旧还新，流动操作。因此，当行业中一有风吹草动就会影响出借人的积极性，导致资金链断裂，引发流动性危机。2013 年的中财在线就因为流动性危机导致挤兑，平台自身垫付了 600 万后仍难缓解资金紧缺的局面，其总经理不得不抵押自己的房产并到处筹资，甚至要借入高利贷。

（三）运营模式风险

前文总结了目前我国市场上 P2P 网络借贷平台的几种运营模式，下面以其中的纯中介线上模式、担保模式、债权转让模式为例，分析这些模式中存在的风险。

1. 纯中介线上模式的风险

目前我国纯中介线上模式平台少之又少，这主要跟我国目前个人征信体系的缺失以及金融监管不完善有很大的关系。事实上，纯中介线上模式应当是 P2P 网络借贷平台最理想的模式，只是这种模式需要有成熟的金融市场和个人征信体系作为前提。而当前在我国纯中介线上模式的 P2P 网络借贷平台会面临借款人巨大的信用风险和声誉风险。另外由于纯中介线上平台缺乏担保，而我国的中小投资者的投资风格相对比较谨慎，因此这种模式下平台也可能会面临一定的经营风险。

2. 担保模式的风险

担保模式是目前我国 P2P 网络借贷平台最常见的运营模式。在中国这个"特殊"的市场，担保模式又衍化成多种不同的模式，包括自有资金担保模式、担保公司担保模式、保险公司担保模式、小额贷款公司担保模式等。P2P 网络借贷平台的本质是只做中介，不参与资金借贷双方的交易，但是在我国，随着 P2P 网络借贷的日益火爆，越来越多的资本开始涌入，竞争开始加剧。平台为了吸引更多的投资者进入，逐渐开始介入交易之中，最常见的方式就是对投资者的资金承诺保障本金，有的 P2P 网络借贷平台甚至承诺保障利息。因此我们发现在这种模式下，使用自有资金作担保的 P2P 网络借贷平台化身成了担保公司，有的平台即使自身不加入担保，它与担保公司也有千丝万缕的利益关系。在这种情形下容易发生的情况就是投资人由于资金受到担保，放松对借款人的选择，只是一味去追求高利率的标的，而一般来说，这些高利率的标的骗贷的可能性很大。由于目前担保公司有最高杠杆率不得超过注册资金 10 倍的限制，最终这些风险还是会被部分甚至全部转移到平台本身。因此有担保的 P2P 网络借贷平台安全性不一定就高，相反可能会积聚更大的风险。

3. 债权转让模式的风险

作为债权转让模式的代表，宜信目前面临的最突出的风险就是非法集资风险。其实宜信的业务一直有非法集资的嫌疑，在目前尚未出台监管细则的情况下，这种模式是否涉及非法集资还没有定论。在通常对非法集资的判定中，如果相对来说债权形成在前，转让在后，资金在平台账户不停留，避免形成资金池，这样就不容易被判定为非法集资。但宜信的内部流程并不是很透明，因此这种不确定性就意味着加大风险发生的可能性。

（四）信息和技术风险

P2P 网络借贷平台集聚了大量的借款人和投资人的详细个人信息，特别是借款人为了增加获得贷款的可能性，会尽可能地提供更详尽的信息，一旦信息泄露，将会给借贷双方带来很大的风险。如何保证个人信息的安全性，借贷双方的信息如何管理，目前还缺乏统一的准则。随着平台业务不断发展和壮大，技术风险已经成为 P2P 网络借贷平台一个不可忽视的风险。作为带有明显互联网属性的新型风险，必须对其加以重视。P2P 网络借贷行业其实是一个对技术要求非常高的行业。因为涉及资金量很大，每一个漏洞都可能会是致命的。中财在线、拍拍贷、好贷网、火币网等多家P2P网络借贷平台先后遭遇黑客攻击，平台页面无法打开，致使投资人无法登录平台投资和提现，间接诱发投资人的恐慌。甚至有黑客直接潜入平台后台直接更改金额数据以便提现，给平台和投资人都造成了巨大的损失。目前很多平台忽视对网站的维护和技术升级，如果资金安全性得不到保障，P2P网络借贷平台行业的发展必会受到严重的影响。

二、平台的外部风险

（一）法律和政策风险

2015年7月18日，《关于促进互联网金融健康发展的指导意见》中，将网络借贷明确分为P2P网络借贷和网络小额贷款。明确P2P网络借贷无须牌照，属于民间借贷范畴，相关行为受合同法、民法通则等法律法规以及最高人民法院相关司法解释规范；明确P2P网络借贷必须严守信息中介职能，不能进行增信和非法集资；明确网络借贷的监管机构为银保监会。《指导意见》发布之前我国涉及P2P网络借贷的相关法律法规主要有《中华人民共和国合同法》及中国人民银行发布的《贷款通则》，此外还有相关司法解释，但并没有专门的法律法规对P2P网络借贷平台等民间借贷中介进行监管。正是由于缺乏监管，P2P网络借贷平台的活动始终处于法律的边缘，其注册的经营范围通常都是以商务咨询顾问、电子商务、信息技术资讯类为主，并非金融机构。由于目前的监管仅限于对网站的注册、经营、安全等方面，不能对其相关金融业务进行监督管理，因此由监管缺失引发的风险难以避免。而最高人民法院在《关于人民法院审理借贷案件的若干意见》中第6条对民间借款利率做出了如下规定："民间借贷的利率可以适当高于银行的利率，各地人民法院可根据本地区的实际情况具体掌握，但最高不得超过银行同类贷款利率的四倍（包含利率本数）。超出此限度的部分的利息不予保护。"根据网贷之家的不完全统计，P2P网络借贷平台利率超过金融机构同期贷款利率4倍的借款约占全部借款的80%。有些P2P网络借贷平台虽然实际利率不超过4倍，但是加上服务费却明显超过了4倍。更有些平台利用高利率宣传来吸引投资人投资，这其实就是披着 P2P 网络借贷的外壳，变相从事高利贷，这种行为已经完全扰乱了市场经济的秩序。法律监管的缺失引发的风险不容小觑。可以预见，随着《指导意见》发布后政府或地方互联网金融监管细则的陆续推出，P2P 行业将面临新一轮的洗牌。

(二) 市场风险

P2P 网络借贷平台面临的市场风险主要包括同业竞争风险、经济周期风险和金融创新风险。目前越来越多的 P2P 网络借贷平台出现在市场上，但从总体上来说，目前 P2P 网络借贷在我国金融市场上占据的份额还比较小，而如此多的平台都想在有限的市场份额中占据一席之地，竞争的激烈程度可想而知。随着市场回归理性，一些小规模、缺乏资金支持、风控能力较差的劣质平台将会被淘汰出市场。另一方面，根据行业周期理论，我国 P2P 网络借贷行业目前正在进入整合期。在这一时期，P2P 网络借贷平台的违约率和坏账率都会提高，平台会面临比平时更大的风险。随着传统金融机构比如银行越来越多的高收益风险适中的金融理财产品的发行以及利率的逐步市场化，P2P 网络借贷会受到越来越多的压力和围剿。加上目前金融产品的不断创新，会有越来越多的新型投资工具出现在市场上。比如 2013 年余额宝的出现不仅给传统金融机构造成了巨大冲击，也让 P2P 网络借贷平台切切实实感受到了长江后浪推前浪的压力。可以预计的是，随着市场大环境的不断变化，P2P 网络借贷平台面临的风险会越来越大。

进入 2015 年以来，P2P 网络借贷平台的风险开始逐渐显露。不少目前看来运营良好的平台也积聚了一定的风险，总的来说，防范我国 P2P 网络借贷平台风险，加强监管已经刻不容缓。

第五节 P2P 网贷信用风险预警模型构建与分析

正如前文所述，P2P 网络借贷存在多种风险，但是总体看，信用风险是各类风险中最为显著的，也是所有风险的最终表现形式，即以借款人或平台的违约而告终。从借款人层面看，如果借款人足够分散，单个借款人的违约风险不会产生较大的系统冲击，对行业发展也不会带来持久而显著的负面影响。然而，从平台层面看，问题平台的不断出现，特别是一些融资"规模"较大的平台，具有行业风向标般的影响力。如果这类系统重要平台出现问题，对行业投资人的安全感、投资热情将带来显著负面影响，影响行业的稳定发展。

一、基于结构方程 P2P 网贷平台信用风险的预警模型研究

结构方程模型是一门基于统计分析技术的研究方法学，用以处理复杂的多变量研究数据的探究与分析。与多元回归、路径分析以及计量经济学中的联立方程组等方法相比，结构方程模型有着独特的优势：结构方程模型可以利用可观测变量为那些不可观测变量打分，这样就能很好地解决变量的测量问题；它没有很严格的假定限制条件；它允许自变量和因变量存在测量误差，为分析潜在变量之间的结构关系提供了可能。笔者已经构建的 P2P 网贷平台信用风险预警模型是由信用风险、平台状况、国家监管和借款人信用四个维度组成的。其中的信用风险、平台状况、国家监管及借款人信用即为四个潜变量，利用可观测变量可以对这四个潜变量进行测量，并且利用结构方程模型可以验证四者之间的结构关系，即模型的合理性。结构方程模型是一种非常好的证明理论合理性的定量研究方法，这也正是本书选取该方法的主要原因。

（一）结构方程模型基本原理

结构方程模型能够使研究人员在分析中处理测量误差的同时分析潜在变量之间的结构关系。结构方程模型的基本原理是分析一个要得到的目标的影响因素，在这些影响因素当中，找出潜变量（外源潜变量和内源潜变量）建立一个结构方程模型。同时，由于潜变量是不可测的，所以要设计出能够反映每一个潜变量的指标，建立起潜变量与指标之间的方程，即测量方程。最后通过潜变量之间的相互关系的路径图，输入调查得到的可测变量（指标）的数据，应用相关的统计软件（例如 AMOS，MPLUS 等）来分析模型中的各变量之间的影响关系。

（二）P2P 网贷平台信用风险预警模型影响因素分析

如图 5-11 所示，为了验证 P2P 网贷平台信用风险预警模型的合理性，本书设置了信用风险、国家监管、平台状况及借款人信用四个潜变量。平台借款人包括个人借款人和企业借款人，目前 P2P 网贷平台的个人借款人数量多且所占金额庞大，一旦出现问题会对社会整体稳定产生较大影响，不利于社会和谐。且个人借款人和企业借款人的研究框架大致相同，所以本书以个人借款人为研究对象来构建 P2P 网络借贷平台信用风险预警模型。平台信用风险是本书研究的核心，预警模型就是围绕 P2P 平台信用风险的影响因素建立起来的。政府监管这一潜变量对信用风险的监控起着至关重要的作用，政府的监管是 P2P 网络借贷平台运营的底线，底线越高，平台安全系数就越大。平台自身状况是影响信用风险的核心要素，P2P 网贷作为一个具有中介性质的投资平台，会通过自身的良好建设去降低信用风险，在维护投资人利益的同时提升平台自身的信誉，从而占有更高的市场份额，有利于平台发展。此外，借款人信用对信用风险起着关键作用，若借款人积极主动按时还款，出现信用风险的可能性就大大降低了。因此，政府监管、平台状况及借款人信用对 P2P 网络借贷平台信用风险都具有重要的影响作用。

外源潜变量政府监管下设三个可测变量，即法律监管、政策监管和惩罚程度。法律监管表明我国相关法律目前对 P2P 平台运行及操作的法律监管环境；政策监管指我国出台政策对 P2P 平台的支持或规范程度；惩罚程度指国家对违规操作平台的惩戒力度。通过这三个可测变量可以反映出在我国大环境下，国家监管对 P2P 平台信用风险的影响。内源潜变量平台状况下设三个可测变量，包括平台实力背景、风险防控及信息披露。平台状况是衡量平台信用风险高低的关键因素，而其下设的三个可测变量又能准确地反映一个 P2P 平台的相关状况。内源潜变量借款人信用下设置了借款人职业、受教育程度及收入三个可测变量。借款人信用在信用风险的预测中是极其重要的一个因素，其反映借款人的还款意愿，而借款人的职业、受教育程度和收入对其还款意愿都有影响。内源潜变量信用风险下设平台的贷款违约率、平台坏账率和平台不良资产率三个可测变量。判断一个 P2P 网贷的信用风险高低的关键就在于平台的贷款违约率的高低，信用风险高的平台贷款违约率就高，信用风险低的平台贷款违约率就相对较低；平台坏账率以及平台不良资产率也能很好地反映平台的信用风险状况。

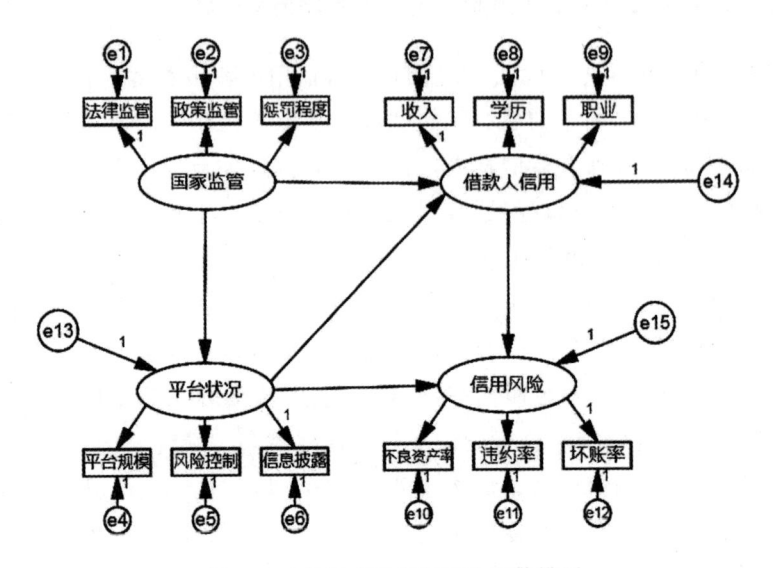

图 5-11　结构方程信用风险预警模型

(三) P2P 网贷平台信用风险预警的结构方程模型

1. 结构方程测量模型

$$x_1 = \lambda_1 \xi_1 + \delta_1$$

$$x_2 = \lambda_2 \xi_1 + \delta_2$$

$$x_3 = \lambda_3 \xi_1 + \delta_2$$

$$y_1 = \lambda_4 \eta_1 + \delta_2$$

$$y_2 = \lambda_5 \eta_1 + \delta_1$$

$$y_3 = \lambda_6 \eta_1 + \delta_3$$

$$y_4 = \lambda_7 \eta_1 + \delta_4$$

$$y_5 = \lambda_8 \eta_1 + \delta_5$$

$$y_6 = \lambda_9 \eta_2 + \delta_6$$

$$y_7 = \lambda_{10} \eta_2 + \delta_7$$

$$y_8 = \lambda_{11} \eta_2 + \delta_8$$

$$y_9 = \lambda_{12} \eta_2 + \delta_9$$

结构方程结构模型：
$$\eta = B\eta + \Gamma\xi + \zeta$$

其中，可观测变量：

  x_1——法律监管；

  x_2——政策监管；

  x_3——惩罚程度；

  y_1——平台规模；

  y_2——风险控制；

  y_3——信息披露；

  y_4——收入；

  y_5——受教育程度；

  y_6——职业；

  y_7——不良资产率；

  y_8——贷款违约率；

  y_9——平台坏账率。

潜变量：

外源潜变量 ξ——国家监管；

内源潜变量 η_1——平台状况；

      η_2——借款人信用；

      η_3——信用风险。

2. 模型中的参数假设

（1）测量方程的误差项 ε_i，δ_j（$i=1,2,3\cdots9;j=1,2,3$）的均值为 0；

（2）结构方程残差项 ζ_i 的均值为 0；

（3）误差项 ε_i，δ_j 与因子 ξ，η_1，η_2，η_3 之间不相关，ε_i，δ_j 之间不相关；

（4）残差项 ζ_i 与 ξ，ε_i，δ_j 之间不相关。

二、模型的估计结果及 P2P 网贷平台信用风险预警模型验证

（一）模型的估计结果

作者通过问卷调查方法获取上述建立的结构方程模型中各个潜变量所对应的观测变量的数据，共发放问卷 400 份，通过问卷调查得到经整理后的有效问卷 295 份，达到了本书所建立的结构方程模型的样本需求。利用 Amos20.软件，进行了模型识别，可方便地计算出上述模型的所有待估系数。标准状况下的结构方程变量与系数相关计算结果如图 5-12 所示。

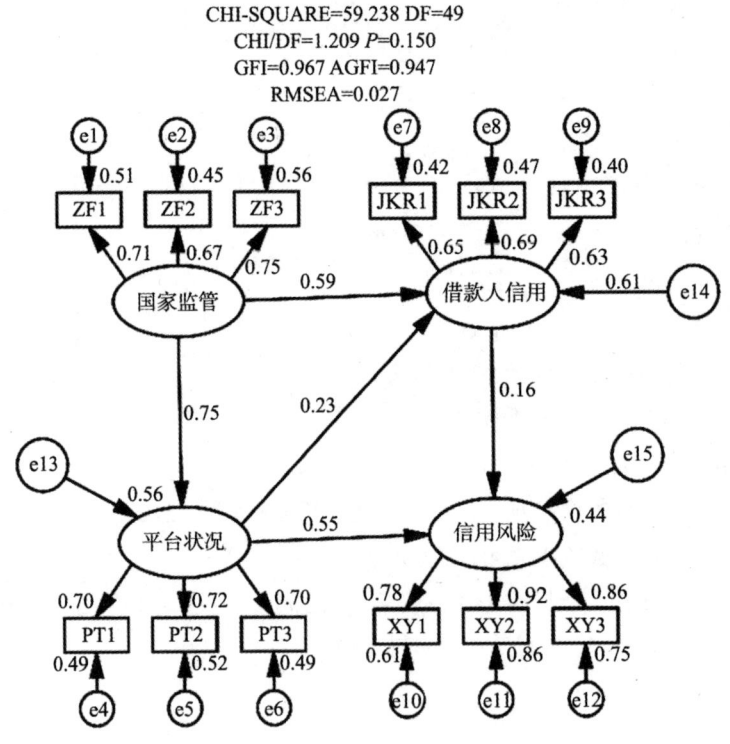

图 5-12　信用风险预警结构方程模型-路径图

(二) 各潜变量的讨论

国家监管：国家监管作为上述结构方程模型中的外源潜变量，是整个信用风险预警模型的基础。国家监管的严厉程度代表 P2P 网贷在发展中所遵循的发展底线，从根本上决定着行业的发展方向和发展水平。通过表 5-2 中的 P 值可以看出，国家监管对平台状况的影响比较显著。此外，国家对借款人的监管及惩罚也会影响借款人的信用，通过 P 值表可以证明这一点。

表 5-2　信用风险预警结构方程模型 P 值表

			Estimate	S. E.	C. R.	P	变量支持
平台状况	<----	国家监管	0.729	0.088	8.242	***	支持
借款人	<----	国家监管	0.549	0.130	4.224	***	支持
借款人	<----	平台状况	0.220	0.124	1.777	0.076	支持
信用风险	<----	平台状况	0.729	0.142	5.137	***	支持
信用风险	<----	借款人	0.217	0.141	1.539	0.124	支持

平台状况：平台状况是决定信用风险高低的核心因素。P2P 网贷的实力规模大小、风险控制体系是否健全、信息披露是否充分都会对信用风险产生较大的影响。从数据分析结果中可以看出，平台状况到信用风险之间的路径系数为 0.55，P 值小于 0.01，这表示平台状况对信用风险有着非常大的影响。

借款人信用：借款人信用也是影响信用风险的一个重要因素。P2P 网贷平台对借款人的信用审核影响着借款人的信用质量，借款人的信用质量又会直接决定贷款是否能定时定量回收，从而对信用风险产生影响。通过观察路径系数和 P 值表，可以从定量的角度反映平台对借款人信用的影响及借款人信用对信用风险的重要影响。

信用风险是为了检验本书所构建结构方程的合理性而引入的潜变量。同样通过观察路径图各项系数及 P 值表可以看出它与其他潜变量之间的关系。

（三）P2P 网贷平台信用风险预警模型验证性分析

根据结构方程模型的估计结果以及模型的统计结果对预警模型的各个潜变量进行分析，评估影响信用风险各个因素之间的相互作用。此模型对于分析和预警 P2P 网贷平台信用风险具有合理性，便于 P2P 网贷平台制定出更好的措施以降低信用风险的形成及发生,保障客户资金安全及其有关权益,谋求更好的发展前景。

本书利用结构方程模型对所构建的 P2P 网贷平台信用风险预警模型的合理性进行验证。通过代入样本数据以及对模型的不断修正,验证了 P2P 网贷平台信用风险预警模型的合理性。

三、结论

本节的主要内容是采用结构方程模型对 P2P 网贷平台信用风险预警模型的合理性进行了验证。首先,对结构方程模型的基本原理进行阐述;其次,对影响 P2P 网贷平台信用风险的因素及其相互关系进行了分析,为模型构建奠定理论基础;最后,通过结构方程模型的估计结果,验证了 P2P 网贷平台信用风险预警模型的合理性。P2P 网贷平台只有应用科学合理的信用风险预警模型,才能正确评估平台信用风险的大小,及早做好防范措施,最大限度地降低平台损失,进而实现平台更好的发展。

第六节　加强 P2P 网贷平台信用风险控制的措施

正如前文所述,P2P 网络借贷存在多种风险,但是总体看,信用风险是各类风险中最为显著的,也是所有风险的最终表现形式,即以借款人或平台的违约而使投资者不能按时、足额收回投资本息,遭受损失而告终。所以本书下面所讨论的信用风险的控制措施是指所有能减少投资者所遭受损失的措施,即全方位的信用风险控制措施。

一、平台要加强自身信用风险控制体系建设

(一)合理度量平台信用风险,加强事前防范

很多 P2P 网络借贷平台的倒台和跑路看似是突然发生的,实际上在事发之前已经经历了长时间的风险累积。现在有一些网站根据成交量、人气、流

动性、透明度等，给出各 P2P 网络借贷平台的发展指数，但这些指数只代表了 P2P 网络借贷平台综合情况的指标，代表平台综合影响力，不能用来衡量平台的安全性。所以各 P2P 网络借贷平台可以联名委托一个专门的第三方评分机构，采用统一的评分标准对各 P2P 网络借贷平台进行综合评分，并定时发布信用风险评分报告。这样可以确保每个阶段每个平台的信用风险情况都以准确的数字被展现出来。对于得分较低的平台，可以先给予适当提醒。如果短时间内信用风险控制情况没有任何好转，可以给予相应的警告。如果平台长时间持续低得分，风险状况持续恶化，可以由评分机构发布公告，告知广大投资者，启动预警机制。这样就可以在风险爆发之前，做足充分的准备。原来的投资者可以尽快取回平台内的资金，新的投资者会根据信用风险提示来决定是否投资。这样可以最大限度地降低潜在信用风险爆发带来的损失。

（二）加强借款人审核，努力开发优质借款人

P2P 网贷平台的风控人员在核实借款人信息时，面临着虚假资料、伪造证件等风险，风控人员可以通过专门的网站来查询借款人信息的真实性，提高风控水平。

1. 查询借款人基本信息

每一个真实标的项目的背后都有着一个真实存在的借款人（企业），平台必须有真实的债权才能发标引入资金。因此，平台方除了要对借款人的手续资料、证件验真之外，还要核查借款申请人的年龄、住址、学历、联系方式、婚姻状况等其他基本信息。而随着大数据技术的逐渐成熟和云计算领域的不断扩大，P2P 网贷平台可以通过网络核实这些信息，判断借款人是否有隐瞒欺骗的行为。此外，国家市场监督管理总局的"全国企业信用信息公示系统"目前已经能查询全国范围内任意一家企业的工商登记基本信息，具体包括公司注册号、法定代表人、类型、注册资本、成立日期、住所地、营业期限、经营范围、登记机关、经营状态、投资人信息、公司主要备案的高管人员名单、分支机构、清算信息、行政处罚信息等。因此，P2P 平台可以通过该网站，查询借款企业是否真实存在、其填写的借款信息是否与事实相符等。这样一来，平台就可以选择是否同意借款人（企业）的借款申请，从而有效控制风险。

2. 查询借款人信誉状况

P2P网贷平台可以通过"人民银行信贷登记咨询系统"查阅借款人过去有无拖欠银行贷款或与银行不配合等事项，借款人在经营中有无偷税漏税、有无采用虚假的报表、隐瞒事实等不正当手段骗取银行贷款，以及有无在购销过程中使用欺骗手段骗取顾客的信任等方面问题，来对借款人的信誉状况进行评价。

3. 查询借款人资产状况

P2P网贷平台通过对借款人基本信息和信誉情况的了解，可以得知借款人的借款用途和还款态度，那么接下来就要判断借款人的还款能力，判断其还款来源是否充足且有保障。例如，借款人的贷款用途若是用于企业资金的周转，这就需要网贷平台分析借款人近年的资产负债、资金结构、现金流量等信息。而要获取这些信息，网贷平台可以通过中国证监会指定信息披露网站"巨潮资讯网"查询上市公司就各重大事项发布的公告、分红情况、财务指标、公司年报等，来评估借款人的经营状况并对其企业的发展前景进行预测。此外，若是借款人采取担保贷款的方式，P2P网贷平台还需要知道抵押物的基本信息、抵押证明、抵押合同等。这就可以通过国家市场监督管理总局商标局"中国商标网"查询注册商标信息及申请商标信息，来核实抵押物的真实情况。涉及无形资产的，平台也可以通过国家知识产权局"专利检索系统"查询各专利权法律状态、专利证书发文、年费计算及全国大部分省市的专利代理机构名录等内容。

随着金融与互联网的高度融合，P2P网贷平台要多方面多渠道地了解借款人的真实情况，因此在信息社会对网站内容的查询就必不可少。平台方可以通过对"天眼查""全国法院被执行人信息查询""金融行业溜达黑名单"等网站内容的查询结果，分析判断借款人的财务状况，进一步地实现信用风险控制。

基于上述指标，可以定量化地分析哪些因素对借款人的违约概率更有影响，并做出违约概率排序，从而避免"劣质"借款人进入平台。对于在平台有过借款经历的借款人，要建立借款人评级体系。在定性和定量的基础上搭建借款人的评级指标体系，初期以定性分析为主，待样本数据完善后逐渐以定量分析为主。同时，要充分利用个人有效数据，以充分掌握借款者的风险特征。

(三) 建立风险准备金制度，有效防范流动性不足

作为资金借贷中介，P2P网络借贷平台流动性不足几乎是无法避免的。近几年大多数平台倒闭和跑路就是基于流动性的不足。在应对流动性不足方面，有些刚上线的平台热衷于用变现能力较差的固定资产作抵押。表面看上去固定资产是很好的资产证明，但如果平台出现逾期，用来垫付有点不太现实。平台应建立风险准备金制度，在对风险准备金的管理上，坚持透明、公开的原则，每隔一段时间公布风险准备金的使用情况和剩余情况。风险准备金制度的建立和完善是一个长期的过程，可以有效地防范流动性不足导致的信用风险。

P2P网贷平台的风险准备金是指平台从每一笔成功的借款中提取借款额的一部分（通常为2%～3%，一般会根据平台的坏账率而定）存入风险准备金账户中，主要用于平台项目逾期后，从风险准备金账户中取出资金为投资人进行本金或本息垫付。

需要注意的是，风险准备金只能提供有限的保障。一旦系统风险大到风险准备金无法偿付时，只能采取延期偿付、增加风险准备金的方式来解决偿付问题。

1. 明确风险准备金计提标准

大多数P2P网贷平台的风险准备金是从收取借款方的费用中提取的，这往往会增加平台的融资成本。而目前，对于P2P网贷平台计提风险准备金的比例并没有明确的指标要求，不同平台的计提比例有较大的差异，少则不足1%，多则可以达到7%。据了解，目前借款人通常要承担较高的融资成本，大部分年化利率高达12%，15%以上也很常见，再加上3%～5%的风险准备金，成本可以达到15%～20%。如果这些借款人大都是信誉低的劣质融资者，最终则会导致网贷平台坏账率不降反升。

这就需要监管部门通过科学的统计计算，设立一套合理的风险准备金计提比例标准，从而禁止各平台任意设置比例，以控制P2P网贷平台的坏账风险。此外，设立标准比例也可以防止个别P2P网贷平台肆意提高风险准备金率，有利于促进网贷行业健康良好发展。

2. 健全对第三方托管账户的监督

目前，虽然许多P2P网贷平台对外宣传其风险准备金账户是由第三方机

构托管的,并且提供了银行报告或证明。但谨慎考察后我们会发现,有些风险准备金账户并非银行专户,而是企业存款账户,这样平台就可以随意动用账户内资金,银行无权监管和干涉。这种情况就很有可能导致P2P网贷平台擅自挪用风险准备金,甚至卷款跑路,这对投资人投资造成了极大的风险。

因此,这就要求管理部门明文规定,P2P网贷平台的风险准备金账户必须在银行设立专户,采取第三方托管形式。银行专户是指因特殊用途设立的专项存款账户,账户内资金仅限于被用于指定用途。此外,P2P平台及银行双方必须要签约,约定缴存比例及启用条件,平台每一次启用资金也必须是符合条件的且要经银行审批。如果平台跑路,这项资金也就会被冻结。这样,既可以保证账户内资金不被恶意挪用,也在一定程度上起到了监督管理的作用。如若有平台违反托管规定,管理部门则应严厉惩罚。

3. 规范风险准备金信息透明程度

目前采用风险准备金模式的P2P网贷平台,仅有少部分平台会公布风险准备金的资金情况,提供相应的报告或账户信息的平台更是少之又少。对于未披露风险准备金详细情况的平台,准备金究竟是否真实存在,金额有多少,投资人通常很难分辨。

因此,为了提升风险准备金的信息透明度,国家或监管部门可以明确规定例如风险准备金的资金账户、计提标准、使用规则等基本信息必须对外披露,并且保持其真实性。如果网贷平台缺少对规定信息的披露,国家或监管部门可以进行审查,并强行要求披露。

(四) 建立担保机制、完善违约补偿

互联网金融机构应引入第三方担保机构对平台交易进行违约担保。一旦融资者出现违约的情形,担保公司需对投资者进行损失补偿,以最大程度保证投资者的经济利益。在担保公司的选择上,平台必须选择实力较为雄厚或者有能力对其交易进行担保的担保机构进行合作,对担保机构的担保资质和担保能力应进行尽职审核,对担保机构所提供的担保范围进行详细协商并做出明确公示。为了使担保机制发挥更大的违约补偿功能,也可以对借款金额较大的债务人实行担保联保,即同时有多家担保公司对债务人的债务进行担保,这样在债务人无力偿还的情况下,可以同时有多家担保人为其偿还债务,这样就可以确保平台减少债务人违约带来的信用风险损失。

（五）强化平台内在实力，增强品牌影响力

我国 P2P 网络借贷平台从 2010 年的 15 家，发展近九年，数量已超过 6 000 家，这种井喷式的增长，也造成了 P2P 网络借贷行业的良莠不齐。我们看到的更多的不是立志做好金融媒介，保障投资人权益，努力开发优质借款人的优质平台，而是企图利用市场"三无"的情形大肆捞一笔的劣质平台。目前的 P2P 网络借贷平台经常用高利率吸引投资者，对自身内在实力的强化却不注意。但随着市场竞争的加剧，致力于做好自身平台建设的公司总会得到更多投资者的认可，而一些只是为了盈利的平台则无法承受市场的考验。这就是为什么有的平台网站首页上宣传的收益率很高却鲜有人问津，而有的平台收益率不是很高，甚至在行业内属于中下游的水平，但却备受投资者的青睐。说到底，决定平台品牌影响力的不是高收益率，也不是广告的大肆宣传，而是平台的内在实力，业界口碑。平台只有不断强化自身实力，有效地防范风险，才能在目前竞争激烈的市场上占据一席之地。首先，平台要重视信贷管理人才的引进。作为金融行业的创新模式，P2P 网络借贷行业的发展历程不过几年，市场尚未成熟。由于目前整个 P2P 网络借贷行业缺乏准入门槛，很多资质很差的平台大量进入市场。他们开始的初衷只是为了赚取利润，但其组织架构中缺乏专业的信贷风险管理人员，不具备贷款风险管理的知识、资质，因此很难把握和处理好平台运营过程中所出现的问题，产生大量的坏账，最终只能倒闭。因此，P2P 网贷行业对专业的信贷管理人才需求日益凸显。纵观目前市场上风险水平良好的平台，其幕后都有一个出色的信贷管理团队，其中出自名校的比比皆是，更有来自传统金融机构的风控精英。这是这些 P2P 网络借贷平台在目前行业内竞争白热化的大环境下取得成功的重要因素。其次，要加大技术研发资金的投入。P2P 网络借贷与传统的民间借贷最大的区别就是互联网属性，这也导致了平台必须要承受一定的技术风险。比如说网站故障影响平台的正常交易，使投资者面临巨大损失。还有越来越多的黑客攻击，面对黑客的攻击，不少平台由于考虑到技术研发升级的成本而选择忽视，导致恶性循环。不管平台的规模或大或小，技术层面的开发和升级都必须不断加强，要定期对网站防火墙进行检查，对平台的管理系统进行及时升级，保证网站交易的流程性和交易资料、资金的安全性。

二、加强对 P2P 网络借贷平台的监管

（一）加强政府和地方协同监管

由于 P2P 网络借贷平台处于互联网、金融业等多个行业的交叉领域，不但容易形成监管真空，而且还容易产生各方争夺市场主导权、行业标准不统一以及利益分配不均等问题，因此要加强对 P2P 网络借贷平台的监管。《指导意见》明确了 P2P 的监管机构为银保监会，并明确了 P2P 网络借贷无须牌照，属于民间借贷范畴。考虑到我国信用体系的不完善以及 P2P 网络借贷平台的复杂性及跨区域性，可以尝试多元化、体系化的监管主体。从 2013 年年底开始，地方性的关于 P2P 网络借贷平台监管的政策慢慢浮出水面。2013 年 12 月 19 日，浙江开始明令禁止融资性担保机构从事 P2P 网络借贷业务，同月上海发布国内首个 P2P 网络借贷平台行业标准。2014 年 1 月，全国首份关于 P2P 网络借贷立法的政协提案以及首份人大代表建议在深圳发布，深圳市人大代表和政协委员分别提出建议，率先尝试对 P2P 网络借贷行业进行立法规范并加强监管。2018 年 7 月以来，广州互联网金融协会发布《关于下架计划类理财产品及打击逃废债行为的通知》，提出严厉打击恶意逃废债行为。截至目前，深圳市、浙江省、北京市、广州市、上海市先后发布了相关的退出指引。针对目前行业内 P2P 网贷平台毫无征兆地单方面发布退出公告、退出方式单一、资产处置不透明等不足，协会进行了补充和修正。此外，江苏省互联网金融协会制定《江苏省互联网金融平台线上巡查管理暂行办法（征求意见稿）》，明确了线上巡查工作内容。巡查事项除了常规监测指标外，还重点监测近期暴雷平台高危风险点，比如高返、股权变动等，因此可由银保监会制定具体的 P2P 监管细则，通过政府与地方监管部门通力合作，发挥金融监督职能，对平台实施有效的监管。

（二）尽快出台针对 P2P 网络借贷平台的备案细则

目前 P2P 网络借贷平台的野蛮生长和鱼龙混杂在很大程度上是因为行业准入门槛较低、注册资本不受限、业务开展缺乏审批、缺乏监管等原因。虽然平台备案入已设定政策红线，如：上线银行存管、杜绝资金池；禁止自融

和严重关联交易；禁止发布虚假项目标的；禁止发布单个法人企业借款超过100万元、自然人借款20万元以上标的，但本文认为P2P网络借贷平台作为信息中介平台享有备案资格的具体条件仍需待银保监会出台相应细则。建议银保监会可以以法律条文的形式对P2P网络借贷平台的注册资本、资本金做出规定，防止劣质平台进入P2P网络借贷行业。对P2P经营性质、组织形式、资格条件、经营模式等方面做出详细规定，将其纳入正常的发展轨道。

据网贷天眼统计，截至2019年3月末，正常运营的平台只有1 250家，整个三月份无新增网贷平台。随着问题平台的大量出现，投资者损失巨大，投资者对P2P网贷平台的投资信心在下降，3月份，P2P网贷行业成交额为1110.98亿元，环比下降4.19%，贷款余额为10392.99亿元，环比下降1.82%。这就需要监管部门加快出台备案平台具体细则和条件，将规范经营符合条件的平台尽快备案，引导P2P网贷行业规范发展，重塑投资者信心。

（三）完善 P2P 网络借贷平台的征信系统

实现征信系统与P2P公司数据的共享。当借款人出现违约时，P2P公司可以将其违约记录反馈给征信系统，以增加借款人的违约成本。

2013年，小额贷款公司和融资担保公司被批准可以和央行个人征信系统实现对接，以便更好地开展业务。而相比之下，P2P网络借贷平台却没能得到央行的"青睐"。目前央行的征信中心仅对商业银行、依法办理信贷的金融机构（主要是住房公积金管理中心、财务公司、汽车金融公司、小额信贷公司等）和人民银行开放查询。因此有关部门要尽快实施P2P网络借贷平台与银行个人征信系统的对接。考虑到P2P网络借贷平台目前受到的监管有限，可能有信息泄露的危险，因此可以考虑建立行业内平台评级制度，优质平台可以在一定的条件下逐步获得银行的个人征信信息授权或实现平台与平台间的信息与数据的共享，这样可以避免借款人在多个平台进行借款，防范因借款人信用叠加导致的风险。

（四）成立 P2P 网络借贷行业自律组织

目前我国已成立了一些网络借贷自律组织，例如中国小额信贷联盟，2013年3月，34家P2P机构签署了行业自律公约，要求签约会员积极加入相关征信系统，进行业务信息共享，定期对业务进行审计、上报并对社会披露。

温州、鄂尔多斯等地也成立了民间借贷登记服务中心，上海等地由政府牵头，通过信息服务协会对平台进行规范。这些措施在一定程度上弥补了平台监管缺失的问题，但真正的效果，还有待市场的检验。

三、P2P 网贷平台资金池所带来信用风险的防范

随着 P2P 问题平台的不断增加，P2P 行业也越来越受到质疑，一些不明就里的投资人偏激地认为 P2P 网贷和"跑路""骗子"几乎是同义词，但稍微深入地进行分析就会发现，很多 P2P 平台运作不规范、采取资金池运作模式是带来信用风险的一个主要原因。

（一）资金池的形成方式

资金池，顾名思义就是把资金汇集到一起，形成一个像蓄水池一样的储存资金的空间。在银行、基金、房地产或是保险领域，都有资金池的运用案例。例如，银行就有一个庞大的资金池，吸收存款流入资金，发放贷款流出资金，使这个资金池基本保持稳定。基金也有一个资金池，申购和赎回资金的流入流出使基金可以用于投资的资金处于一个相对稳定的状态。

P2P 平台原本作为信息提供方，其本身与借贷产生的债权债务关系无关，标的的违约与否只是投资者与资金需要方之间的问题。但是当前许多 P2P 平台超越了信息提供方的角色，以"做市商"的角色进入这一市场，在资金供需双方之间设立了一个自己可以全权处理的资金账户以方便自己的业务操作（包括显性的业务与某些隐性的业务），但这个账户将会引发一系列的风险。"资金池"通俗地讲就是一个资金账户，里面的资金可以被平台全权处置，其产生大致有以下几种方式：

1. 投资者充值产生

P2P 平台在投资期会要求投资者进行充值，这部分资金从充值到用于项目投资存在一个时间差。由于时间差的存在，平台账户余额会稳定下来，并且随着投资者的增加而增加，在不存在监管的情形下平台对这部分资金有全权的处置能力。

2. 融资者付息产生

类似于第一种方式，当融资者付息时，利息到账与投资者投资或取现会

形成时间差，这种时间差也形成了一定的"资金池"。

3. 虚假项目以及"做市商"模式产生

虚假项目就是 P2P 平台虚构融资项目，使投资者将款项汇入自己的账户，此行为涉嫌非法集资。而"做市商"模式指的是平台先以自身名义收集资金，等到出现项目时再进行放贷，这种模式存在着主体错配与风险错配等风险，在存量不断增加的情况下，极易出现"庞氏骗局"。

（二）资金池产生信用风险的主要表现

中国银保监会在互联网金融的监管问题上反复强调过，P2P 是一种信息中介，首先要保证的就是不能搞资金池，那么为什么银行能搞资金池，而 P2P 网贷就严厉禁止呢？因为环境完全不同，银行是有政府信用担保的，但网贷行业却不行，每一个网贷平台都是一个小个体，其抵抗风险的能力远远弱于银行，因此采用资金池会导致 P2P 平台产生信用风险，主要表现为以下几个方面：

1. 资金池容易产生跑路

从跑路的平台公司来分析，无一例外的全都是资金池模式，投资者把钱打到平台，再由平台决定借给谁，大把大把的现金都进到了平台的账户上，稍有风吹草动，平台老板拿钱跑路几乎是必然的。如果没有资金池，投资者的钱直接借给借款人，那么平台根本就沾不上钱，就是想跑路也没有动力。

2. "庞氏骗局"

如果一个平台不断地借新还旧，其所有坏账与利息均以新债覆盖，收入并不来源于项目收益本身，长此以往就形成了所谓的"庞氏骗局"。此时项目的收益对机构运转已不重要，唯有不断有新资金进入才能维持机构运转，其本质已类似于"传销"。

企业的利息支付受制于其盈利水平的相对固定，若保障投资者收益在一个相对高位则需要一个十分低的坏账率。在征信系统发达的美国，大型 P2P 网贷公司 Lending Club 的数据显示，其坏账率一度高于 10%，而在征信制度缺失的国内，一些 P2P 平台自身提供的坏账率竟长期低于 1%。如果坏账率被人为掩盖，那么为了递补投资者收益，平台以"资金池"为依托借新还旧（"庞氏骗局"）的概率就变得很大。

这种骗局对大型金融机构产生的破坏性难以估量。如果将上面的平台跑路比作急性病变，那么"庞氏骗局"就是一种更加危险的慢性病，它会使得风险雪球越滚越大，当骗局被揭露时，往往会对行业造成巨大冲击。

3. 挪用与自融

平台拿"资金池"里的资金去买股票，买债券，做回购，甚至借给其他平台等，都属于挪用。自融是挪用中的一种，平台把钱拿来扩展自己的经营，收益由平台独享，而风险则由投资者隐性承担。

4. 风控制度被践踏

既然所有的资金都在一个账户里，并且平台能随意挪用这些资金，那么实际上也不需要设立所谓的"风险保障金"，平台可以随意担保，原本应该有的风险控制制度因为"资金池"的出现被随意践踏。

一些平台主动运营的资金池主要表现为拆标、期限错配、发标方式转换等。虚假标、自融等问题，都与这种类型的资金池息息相关。

(三) 资金池所产生的信用风险的防范措施

"资金池"所产生的信用风险危害巨大，因为只要"资金池"的风险存在一天，对于投资者而言许多风控措施都是一种虚设，只有剥夺平台操作资金的权力，才能进行有效的风险控制。

2014年下半年在银保监会创新监管部提出的"十点P2P监管意见"中的第五点明令禁止了P2P平台的"资金池"账户，指出P2P平台应该进行第三方资金托管，即将资金清算与账户管理职能从平台中分离开来，由第三方托管机构独立执行。

实施这一制度时，投资者的资金将统一托管于第三方机构，第三方机构为投资者单独开立资金账户，只有投资者才能对账户中的资金流向进行授意，而P2P平台对于投资者账户只有两项权利：资金冻结与解冻。当投资行为发生时，投资者自行决定资金流向，并授意投资数额，接到授意后平台将投资者的资金进行冻结，到满标时（投资行为成立）再进行资金解冻，这样资金就自然划转到融资方账户（与取现操作类似）。

此时平台对于资金的处置权利得到有效的限制，不能进行转账以及提现，其跑路时将发现无款可卷，其挪用资金时发现没有权限。这时风险保证金会真正分离于资金池，也会大大降低"庞氏骗局"发生的概率。可以说真正的第三方资金托管，特别是具有公信力的金融机构进行托管将是P2P走向正规化的第一步。

对于网贷投资者来说，辨别平台是否有第三方托管，方法很简单，就是观察在新账号注册时，平台有没有要求另行注册第三方托管账户，如果没有要求注册第三方账户，那么必然会存在资金池现象。

四、识别 P2P 平台假标，降低投资人风险

每个行业都有欺诈行为，P2P 作为金融行业的一员更是难以幸免。假标或者叫假项目，已经成为 P2P 投资人上当受骗的一个重要原因。据统计，截至 2019 年 3 月底，共计出现的 5 000 多家问题平台中有近半涉及假标。如何识别假标，是 P2P 网贷投资者提升风险防控能力的首要问题。

（一）制造假标的目的

假标，简单地说就是不存在的借款需求。平台方面发布虚假项目（标的）的目的无非四个，如图 5-13 所示。

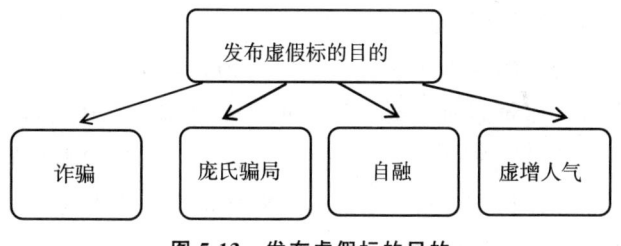

图 5-13 发布虚假标的目的

1. 诈骗

诈骗多见于新建平台，此类平台的目的就是圈钱跑路，往往配以高息，托管、保障等基本规范全无，利用假标吸引投资者进行投资，当投资者资金汇进资金池账户后便卷款潜逃。

2. "庞氏骗局"

简单理解就是借新还旧。一般发生在对借款进行本息担保并且不进行资金托管的平台，由于风控缺位，或者坏账率高使得平台只能以借新还旧的形式存续，为了大量地借新往往采取虚构借款标的的方式，危害在于资金链断裂。

3. 自融

多用于输血给自有实业或偿还债务等，自融对于传统金融来说是一条红线，但是平台可以运用虚假标的绕道自融，一旦平台资金无法维系，平台就难以正常还款，存在极大的风险，比如之前的盛融、深圳的钱海创投。

4. 虚增人气

一些平台出于营销或者提高人气的目的，在实际借款需求不足的情况下设立虚假标的物。这一类往往会被误以为平台人气旺，对于注重平台人气的投资人，尤其需要注意。有这种行为的平台并不少，很多平台是上线就发假标，用以避免平台资金的大量流失，由于没有实际借款人的存在，平台方将背负偿还利息的压力。

还有一类是借款人发的假标。由于某些 P2P 平台风控水平低，对借款人身份信息核查不到位，导致借款人以不同身份在 P2P 平台上发布大量虚假借款信息。

（二）假标的危害

1. 易导致自融、跑路等行为

假标是平台自融的典型手法。某些平台为拉拢资金，不惜上线大量的假标以吸引投资者，而筹集所得资金最终被平台挪用，存在着大量借新债还旧债、资金池暗箱操作、期限错配等违规行为。一些平台倒闭或者跑路之前，发行大量假标，迅速积累巨额资金，然后携款跑路，给投资者带来重大损失。从这个角度来看，发布假标实际上是一种诈骗行为。

2. 投资者资金无法保障

由于假标中不存在真实的借款人和借款需求，实为平台自导自演的项目，最终还款来源实际上是平台本身。平台自身作为借款人，缺乏各种风险保障措施，所借资金也并非用于正常企业生产运营。一旦平台资金无法维系，平台就难以正常还款，带有极大的风险性。

（三）识别 P2P 平台假标

虚假标的骗局层出不穷，投资者要想避免踩雷风险，应该从平台信息和标的信息两方面入手。

平台信息方面，综合众多跑路平台的实际情况，可以看到一些虚假标的平台的共性，远离这些平台能降低中雷风险。首先，平台造假虚构公司情况及背景，网站页面山寨。比如有的平台地址显示为某大厦不存在的楼层，有的平台办公地址在菜市场，网站设计简陋甚至是抄袭其他平台，另外有些网站从 ICP 备案号可以发现是关联平台。其次，平台鼓励投资人把资金转至私人账户，不愿意接受第三方托管，这是跑路平台通常会采取的模式。

标的信息方面，投资者可以通过以下几点辨别是否为假标。

1. 借款人信息是否真实

在不泄露隐私的前提下借款人的借款信息是否清晰、借款人的身份信息是否详细，如借款人的年龄、职位、收入及单位属性等一系列基本信息；借款人的身份信息是否可靠，平台是否能提供有效的材料与渠道证明平台所发布的借款人借款与身份信息都是真实可靠的。

2. 资金担保情况是否公开

如项目经过小贷公司或担保公司担保，相应的担保资质、担保资金情况以及与平台关系要说明清楚。

3. 相应借贷合同、抵押合同是否完善

如果能到平台现场随机抽查标的真实性，效果会更佳，其中纸质版的借贷合同、抵押合同、打款凭证尤为重要。

4. 借款利率是否正常

正常企业能提供一定抵押物的，能承受的短期拆借的年综合成本都不会太高，算上给投资人的收益、平台管理费用、担保费用，如果长期使用高息民间借款的企业，本身就很不正常。所以投资者对于收益高、期限长的借款项目要谨慎。

五、借助专业的催收贷款公司

P2P 网络借贷平台通过与专业的催收贷款公司合作，进一步提高违约贷款的回收比率。首先，专业催收贷款公司可以在网贷平台放贷后对借款人进行电话回访，及时了解借款人的基本生活状况、资产收入情况以及借款用途，并对还款时间进行告知或提醒；其次，在借款逾期后，若借款人不能及时还款，贷款催收公司应进行电话催收，再一次明确还款协议内容，并告知违约后果；再次，若电话催收无果，贷款催收公司应进行外访催收，进一步加大借款者的还款压力，并且可以实地走访问询借款者的邻居亲友，了解生活现状，催促其尽快交还所欠债款；最后，若贷款公司在上述方法均不能使借款人还款时，可以帮助网贷平台对借款人提起诉讼，用法律手段催促其还款。综上，专业的贷款催收公司可以通过上述方式来加强其合作方网贷平台的资金安全，以此做好对网贷催收的风险控制。

参考文献

[1] 刘鹏，周双．我国互联网金融风险化解与监管体系的创新研究［J］．中国物价，2017（3）．

[2] 孟令然．浅析金融风险管理及其发展趋势［J］．商场现代化，2017（1）．

[3] 刘骅，张婕．互联网金融信用风险预警与审计治理策略研究——以江苏省P2P网贷平台为例［J］．南京财经大学学报，2017（4）．

[4] 林巧巧，王士娜，王溪．浅析金融风险管理及其发展趋势［J］．中国市场，2015（25）．

[5] 金锟，宋良荣．基于博弈论视角的互联网金融风险管理探讨［J］．中国集体经济，2014（19）．

[6] 郑良芳．加强对互联网金融风险的监管研究［J］．区域经济研究，2014（10）．

[7] 黄震．西方国家怎样管理互联网金融［J］．求知，2014（9）．

[8] 杨虎，易丹辉，肖宏伟．基于大数据分析的互联网金融风险预警研究［J］．现代管理科学，2014（4）．

[9] 谢平，邹传伟，刘海二．互联网金融的基础理论［J］．金融研究，2015（8）．

[10] 韩铸．互联网金融模式分析［J］．北方经贸，2015（2）．

[11] 张雪梅．中国互联网金融模式分析及启示［D］．外交学院，2014．

[12] 郑联盛．中国互联网金融：模式、影响、本质与风险［J］．国际经济评论，2014（5）．

[13] 常茜芮．互联网金融对传统金融行业的影响［J］．现代营销（创富信息版），2018（9）．

[14] 杨奕卿，李萌．互联网金融与传统金融的互补性研究［J］．江苏科技信息，2018，35（24）．

[15] 曹凤岐. 互联网金融对传统金融的挑战 [J]. 金融论坛, 2015, 20 (1).

[16] 刘晛. 中国互联网金融的发展问题研究 [D]. 吉林大学, 2016.

[17] 郭唯一. 论互联网金融的模式与发展 [J]. 经贸实践, 2017 (24).

[18] 杨卫. 我国互联网金融发展现状及趋势研究 [J]. 湖北成人教育学院学报, 2018, 24 (5).

[19] 李明选, 孟赞. 互联网金融对我国金融机构信用风险影响的实证研究 [J] 企业经济, 2014 (4).

[20] 张晴, 俞嘉颖. 从信用风险角度看海南发展银行倒闭案 [J] 商, 2014 (23).

[21] 谢平. 互联网金融风险和防范的几点思考 [N]. 金融时报, 2016.

[22] 崔亚琳. 互联网金融风险及其防范研究 [D]. 大连交通大学研究生院, 2016.

[23] 任子钰. 试析互联网金融存在的风险及防范对策 [J]. 中国经贸, 2016 (23).

[24] 黄震. 互联网金融仍处于蓬勃发展状态之中 [N]. 金融时报, 2016.

[25] 马晓华. 互联网金融热点研判 [D]. 华夏银行国际业务部, 2016.

[26] 李萌. 互联网金融的风险管理与控制 [D]. 产业与科技论坛, 2014.

[27] 邓青青. 互联网金融风险及其监管探讨 [D]. 九江银行南昌分行, 2016.

[28] 刘师媛. 互联网金融的风险与监管探析 [J]. 现代经济信息, 2014 (6).

[29] 王海燕. 基于神经网络的企业信用评级系统的设计与实现 [D]. 中国优秀硕士学位论文全文数据库, 2010.

[30] 屈晶. 互联网金融面临的风险与对策研究 [D]. 现代商贸工业, 2015.

[31] 陶茜子. 我国互联网金融发展中的信息安全风险及其防范 [J]. 全国商情 (经济理论研究), 2015 (10).

[32] 王红萍. 互联网金融的模式与风险探析 (2P) [J]. 金融经济, 2014 (20).

[33] 卢芹. 中国金融风险预警机制研究 [D]. 重庆大学, 2012.

[34] 王莹. 我国上市公司信用风险的实证研究 [D]. 吉林大学, 2006.

[35] 杨秀萍. 大数据在互联网金融风控中的应用研究 [D]. 电子世界, 2014.

[36] 吴连冠. 基于大数据分析的互联网金融风险预警研究 [J] 时代金融, 2014 (12).

[37] 赵晓红. 供应链融资中存在的风险研究 [J]. 才智, 2012 (29).

[38] 汪舜. C银行船舶海外融资租赁业务风险管理研究 [D]. 大连理工大学, 2011.

[39] 张丽云. LD公司员工激励方案优化研究 [D]. 中国海洋大学, 2013.

[40] 郭瑞云. 互联网金融风险治理对策探析 [J]. 长春金融高等专科学校学报, 2015 (6).

[41] 孙柏. 金融诈骗监管迷思 [J]. 金融博览（财富），2015 (8).

[42] 张鹏. 互联网金融监管意见落地 为创业打开资本大门 [N]. 中国高新技术产业导报, 2015.

[43] 彭建刚, 吕志华. 基于行业特性的多元系统风险因子CreditRisk＋模型 [J]. 中国管理科学, 2009 (3).

[44] 霍再强, 李增欣, 郝玉柱. 结构方程模型在风险管理中的应用综述 [J]. 商业时代, 2011 (15).

[45] 周天芸. 析欧洲债务危机的传染与蔓延——基于金融一体化的视角 [J]. 世界经济与政治论坛, 2012 (5).

[46] 李文龙. 催生信用评级与风险控制手段革新 [N]. 金融时报, 2013.

[47] 郑联盛. 中国互联网金融：模式、影响、本质与风险 [J]. 国际经济评论, 2014 (5).

[48] 李东卫. 互联网金融：国际经验、风险分析及监管 [J]. 金融会计, 2014 (4).

[49] 李琦, 曹国华. 基于Credit Risk＋模型的互联网金融信用风险估计 [J]. 统计与决策, 2015 (19).

[50] 张万力, 章恒全, 曹艳辉. 基于结构方程模型的互联网金融理财行为研究 [J]. 统计与信息论坛, 2015 (2).

[51] 彭颖, 张友棠. 云金融视阈下互联网金融商业风险预警模式研究 [J], 会计之友, 2016 (13).

[52] 童心雨. 基于大数据的互联网金融风险预警机制建设 [J]. 现代商业,

2017（6）.

[53] 张亦婷，罗婧钰，李钰，朱忻妍.大数据背景下互联网金融借贷风险预警研究［J］.价值工程，2017（26）.

[54] 李麟，钱峰.移动金融：创建移动互联网时代新金融模式［J］.金融电子化，2014（3）.

[55] 张玉梅.P2P小额网络贷款模式研究［J］.生产力研究，2010（12）.

[56] 叶湘榕.P2P借贷的模式风险与监管研究［J］.金融监管研究，2014（3）.

[57] 施慧洪.P2P网贷的模式、案例分析及比较［J］.商业经济研究，2015（12）.

[58] 郑志来.P2P网络借贷平台发展模式及商业银行影响研究［J］.西南金融，2015（7）.

[59] 钱瑾.P2P平台风险准备金的法律问题研究［J］.金融与法律，2016（8）.

[60] 彭惠，王琦，柳洁.关于P2P平台风险准备金制度的理论研究［J］.互联网金融，2017（10）.

[61] FURST K, LANG WILLIAM W, NOLLE DANIEL E. Internet Banking: Developments and Prospects [J]. Program on Information Resources Policy, 2002.

[62] PENNATHUR ANITA K. "Clicks and Bricks": Erisk Management for Banks in the Age of the Internet [J]. Journal of Banking & Finance, 2001.

[63] Honohan, Patrick (1997). "Banking System Failures in Developing and Transition Countries: Diagnosis and Prediction." BIS WP No39.

[64] Kaminsky, Graciela and Carmen Reinhart (1999). "The Twin Crises: The Causes of Banking and Balance-of-Payments Problems" [J], American Economic Review 89 (3), 1999.

[65] Mary J. Cronin, "Banking and Finance on the Internet" [J], 1997.

[66] R Zhu, UM Dholakia, X Chen, R Algesheimer. Does Online Community Participation Foster Risky Financial Behavior? [J]. Journal of marketing research, 2012,

[67] JER Lee, S Rao, C Nass, K Forssell, JM John. When do online shoppers appreciate security enhancement efforts? Effects of financial risk and security level on evaluations of customer authentication [J], 2012.

[68] Frederic S. Mishkin, Addison Wesley, "The Economics of Money, Banking, and Financial Markets, 10 Edition" [M]. Prentice Hal, 2012.

[69] Iain Little, "Peering and Settlement in the Internet: An Economic Analysis" [J], Journal of Regulatory Economics, 2000.

[70] EC Chaffee, GC Rapp. Regulating Online Peer—to—PeerLending in the Aftermath of Dodd—Frank: In Search of an Evolving RegulatoryRegime for an Evolving Industry [J]. Washington and Lee Law Review, 2012.

[71] YU—FENG WANG, YOSHIAKI HORI, KOUUICHI SAKURAI. Characterizing Economic and Social Properties of Trust and Reputation Systems in P2P Environment [J]. Journal of Computer Science and Technology, 2008.

[72] AJAY K. AGRAWAL, CHRISTIAN CATALINI AVI GOLDFARB. Some Simple Economic Of Crowdfunding. National Bureau Of Economic Research [J]. Cambridge, 2013.